W0258168

■ Jerry Glynn

Mathematik entdecken mit DERIVE – von der Algebra bis zur Differentialrechnung

**Aus dem Englischen übersetzt
von Daniela Treichel**

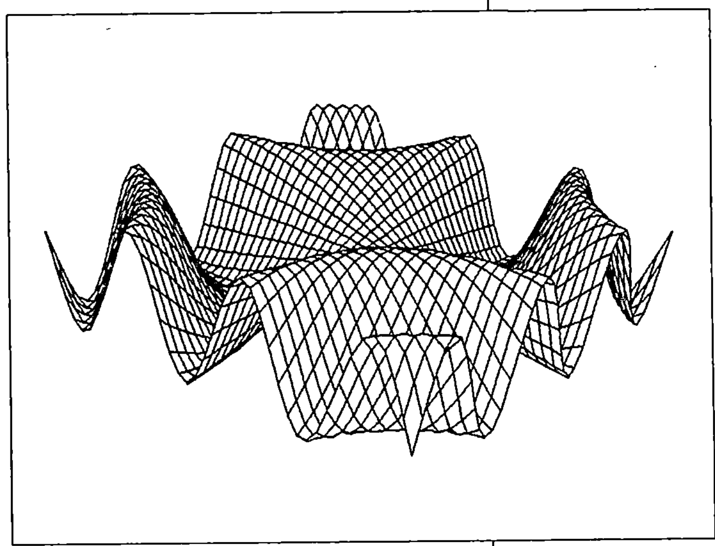

Birkhäuser Verlag
Basel · Boston · Berlin

Die dritte Auflage der amerikanischen Originalausgabe erschien 1992 unter dem Titel "Exploring Math from Algebra to Calculus with Derive, A Mathematical Assistant for your Personal Computer" bei MathWare, IL 61801, USA
© 1992 by MathWare. All rights reserved worldwide.

Adresse des Autors:

Jerry Glynn
MathWare
604, E. Mumford Drive
Urbana, IL 61801
USA

Die Deutsche Bibliothek – CIP-Einheitsaufnahme

Glynn, Jerry:
Mathematik entdecken mit Derive – von der Algebra bis zur
Differentialrechnung / Jerry Glynn. Aus dem Engl. übers. von
Daniela Treichel. – Basel ; Boston ; Berlin : Birkhäuser, 1995
  Einheitssacht.: Exploring math from algebra to calculus with DERIVE
  <dt.>
  ISBN-13:978-3-7643-5001-7   e-ISBN-13:978-3-0348-9056-4
  DOI:10.1007/978-3-0348-9056-4

© 1995 Birkhäuser Verlag, Postfach 133, CH-4010 Basel, Basel
Gedruckt auf säurefreiem Papier, hergestellt aus chlorfrei gebleichtem Zellstoff ∞
Umschlaggestaltung: Markus Etterich, Basel

ISBN-13:978-3-7643-5001-7

9 8 7 6 5 4 3 2 1

Mein Dank gilt vielen Menschen, die mir dabei geholfen haben, dieses Buch zu erstellen, und ich kann an dieser Stelle nur einige erwähnen.

W. W. Sawyer's Bücher über Mathematik und Unterrricht haben einen sehr großen Einfluß auf mich gehabt, seit ich begonnen habe, Mathematik zu lehren. Seine gedankliche Klarheit und Kommunikationsfähigkeit sind ein Ideal, das ich zwar anstreben kann, aber niemals erreichen werde. W.W's Bereitschaft, mir während meines ersten Aufenthaltes in England Zeit zu widmen und mir seine Ideen mitzuteilen, haben mir geholfen, zu erkennen, was möglich ist.

Eva und John Gray haben mich durch Mathematica in die neue Welt der symbolischen Algebra eingeführt, und damit meine vorhandene Erfahrung mit muMath wiederaufleben lassen, was mich schließlich zu *DERIVE* führte.

Stephen Wolfram teilte mit mir seine Vision einer Welt mit richtigen Computerwerkzeugen für Mathematik und arbeitete dann sehr hart, um ein solches Werkzeug zu schaffen, es zu verbreiten, und uns allen zu zeigen, was gebraucht wird.

Theo Gray beantwortete meine Anfängerfragen, während er das Benutzerinterface der Macintosh Version von Mathematica schrieb. Er wird mir weiterhin ein wunderbarer Freund und eine Hilfe sein, wenn ich Probleme habe (was oft geschieht).

Ich möchte Bob Davis danken, der meinen Unterricht seit Jahren unterstützt hat und mir vorschlug, ein Buch über diese Zeit zu schreiben.

Ich danke Robert Drayer für seine Unterstützung zu einem entscheidenden Zeitpunkt der Entwicklung dieses Buches und ich freue mich auf zukünftige Projekte.

Joyce Glynn und David Eisenmann möchte ich für die Manuskriptbearbeitung und die Ermutigung während des ganzen Projekts danken. Joyce hat entscheidend dazu beigetragen,

daß bei MathWare, dem Verlag der amerikanischen Original-
version dieses Buches, aus einer Idee Wirklichkeit wurde.
Mein Partner in "The Math Programm", Don Cohen, zeigte mir,
was machbar war, indem er sein einmaliges Buch "Calculus By
and For Young People" (für Leser ab 7 Jahre!) schrieb. Unsere
erfolgreiche Partnerschaft in "The Math Program" unterstützt
seit vierzehn Jahren unsere Bemühungen, das zu vermitteln, um
was es uns im Mathematikunterricht geht.

Die Autoren von *DERIVE*, David Stoutemyer und Albert Rich,
hatten auf vielerlei Art Einfluß auf die Entstehung dieses Buches. Mit *DERIVE* gaben sie mir ein Werkzeug in die Hand,
das sowohl leistungsstark als auch praktisch ist. Ich wollte ein
Buch zu *DERIVE* schreiben, weil ich wußte, daß das Programm von vielen Menschen verwendet würde, die mit einfachen Computern arbeiten. Albert und David gingen auch auf
meine Vorschläge zu Verbesserungen von *DERIVE* ein und
gaben mir somit das Gefühl, Teil des *DERIVE*-Projektes zu
sein - und nicht nur ein einfacher Benutzer. Die aktuelle Überar-
beitung des Buches basiert auf *DERIVE* Version 2.51.

In den letzten 32 Jahren waren es meine Schüler, die mich in
meiner Arbeit als Lehrer inspirierten. Meine eigenen Kinder,
David, Brian, Clair und Erin haben mich immer wieder mit
ihren mathematischen Fähigkeiten erstaunt. Viele meiner Schüler haben mich zur Arbeit an diesem Buch ermutigt, weil ich
sah, was alles machbar war: Laura Kate, die fast fünf war, als
wir zu arbeiten begannen, oder Carolyn, die "The Math Program" von der ersten bis zur fünften Schulstufe belegte (und
dabei erstaunliche mathematische Dinge betrieb), oder Roger,
der sich gegen meine Empfehlung entschloß, im Sommer einen
Analysiskurs zu besuchen und dann, hart arbeitend, zum Erfolg
kam. Diesen und all meinen zukünftigen Schülern widme ich
dieses Buch.

Jerry Glynn
Urbana, Illinois
27. Juli 1992

P.S. Das *DERIVE* Bulletin Board hat sich in den letzten drei
Jahren großer Beliebtheit erfreut. Es ist ein Gemeinschaftspro-
jekt von Soft Warehouse und MathWare. Greg Smith's BBS
Software hat sich dabei hervorragend bewährt. Greg's Adresse
ist: 917 W. Columbia Ave., Champaign, IL 61821, USA.

Sitz des Bulletin Board ist Urbana, Illinois (USA),
Tel. (217)337-0926. Benutzer können Kommunikations-
geschwindigkeiten bis 14400 baud verwenden. Die nötige
Einstellung ist: n (no parity), 8 (data bits), 1 (stop bit).

Wir hoffen, daß *DERIVE* Benutzer sich mit Fragen, Vorschlä-
gen und guten Ideen an dem Bulletin Board beteiligen und daß
Interessenten sich melden, um mehr zu erfahren über *DERIVE*
- Ihr persönliches Mathematiksystem.

Inhalt

Warum uns *DERIVE* so gut gefällt

Mein Partner Don Cohen und ich setzen *DERIVE* seit über
einem Jahr ein, unsere Schüler haben *DERIVE* etwa genauso
lange benutzt. Unsere Schüler sind zwischen fünf und fünfund-
vierzig Jahre alt. Sie (und damit wir) haben unterschiedliche
und vielschichtige Erfahrungen gesammelt. Einer unserer Schüler ist ein Ingenieur im Beruf, der nebenher weiter Analysis
studiert; andere sind erfolglose Algebrastudenten im ersten Jahr.
Einige unserer jüngsten Schüler sind dabei, das Einmaleins zu
lernen; wieder andere sind in der fünften Schulstufe und versuchen zu behalten, daß $7*8 = 56$ ist. Einige unserer Schüler, die
die Grundschule besuchen, untersuchen bereits Graphen von
trigonometrischen Funktionen, den Binomialsatz und Differen-
tial- und Integralrechnung.

Wir haben festgestellt, daß alle unsere Schüler von *DERIVE*
profitieren können, wenn auch oft aus verschiedenen Gründen.
Wir werden über einige unserer Erfahrungen mit dem
Mathematikprogramm berichten und einige typische Probleme
aufzeigen sowie die für deren Untersuchung notwendigen
Eingaben in Derive beschreiben. Bildschirmabbildungen sind
ebenfalls vorhanden. Im Idealfall geben Sie diese Beispiele
selbst ein und probieren dann Ihre eigenen Aufgaben aus. Viel
Glück!

Jeder akzeptiert offenbar, daß $2x + 3x = 5x$ ist, auch wenn er
keine speziellen Algebrakenntnisse hat. Fast jeder mit derselben
Erfahrung glaubt andererseits, daß $2x*3x = 6x$ ist. Wie gehen
wir als Mathematiklehrer mit diesem Konflikt zwischen dem
logischen Instinkt unserer Schüler und den Algebraregeln um?
Bevor es *DERIVE* gab, konnten wir erklären, daß $x*x$ oder
$x*x*x$ oder $x*x*x*x$ in einer Kurzform geschrieben werden
kann. Als x^2 oder x^3 oder x^4. So könnte $2x*3x$ als $2*3*x*x$
geschrieben werden, was $6x^2$ liefert. Wenn wir jetzt über
DERIVE verfügen, lehren wir auf dieselbe Art und Weise, aber
wir setzen *DERIVE* ein, um $2x*3x$ zu vereinfachen und erhal-

ten $6x^2$. Wir schlagen vor, daß unsere Schüler auch 2y*3y oder
2a*3a ausprobieren, um zu sehen, ob es ein festes Muster für
die Antworten von *DERIVE* gibt.Wir machen desweiteren den
Vorschlag, daß unsere Schüler, wenn sie etwas mehr Erfahrung
haben, 2a*3b*4c und 2a*3a*4a and 2*(3a+4b) ausprobieren.
Wir schlagen auch vor, daß alle unser Schüler ihre eigenen
Probleme erfinden, und daß sie feststellen, wie *DERIVE* ihre
Ausdrücke umwandelt. Wir ermutigen unsere Schüler darin, uns
und anderen zu zeigen, was bei ihrer Arbeit passiert ist und an
welcher Stelle sie von den Ergebnissen überrascht sind. Wir
schlagen auch komplexere Ausdrücke zum Experimentieren vor.
Das kann die Lösung von Gleichungen beinhalten, oder das
Faktorisieren von Algebraausdrücken (oder Zahlen) oder das
Zeichnen von Graphen. Eines unserer Hauptanwendungsgebiete
von *DERIVE* besteht darin, die in der Mathematik waltende
Logik durch einheitliche Ergebnisse aufzuzeigen.

DERIVE kann auch einfach eingesetzt werden, um Antworten
zu liefern. Wie ein erstaunlich leistungsfähiger Taschenrechner
gibt *DERIVE* Antwort auf numerische oder algebraische Probleme. Was sind die Wurzeln von $x^3-1 = 0$, oder was ist der
Graph von $2\sin(3x)-1 = y$? Ist 123454321 eine Primzahl, wenn
nicht, was sind die Faktoren? Wie ein treuer Diener des 19.
Jahrhunderts oder ein Ritter aus dem Mittelalter oder der Geist
aus der Flasche ist *DERIVE* bereit, viele Mathematikaufgaben
für seinen Besitzer zu bewältigen.

Hier folgt eine Reihe von Beispielen für Aufgaben, die ein
Benutzer mit *DERIVE* mit den dafür benötigten Eingaben
leicht lösen kann. Dies ist ein schneller Weg um sich eine Vorstellung von den Möglichkeiten zu verschaffen, die Derive
bereitstellt. Diese Liste kann für einen Benutzer eine gute
Einführung sein.

Beispiele für Aufgaben und Lösungen mit den erforderlichen Eingaben

1. Zerlegen Sie $x^2-12x+35$ in Linearfaktoren in x.

> **Eingaben: A (für Author), x^2-12x+35 eingeben, Enter, F (für Factor), Enter, R (für Rational).**

$$1: \quad x^2 - 12\ x + 35$$
$$2: \quad (x - 7)\ (x - 5)$$

2. Zerlegen Sie 123454321 in Primfaktoren.

> **Eingaben: A (für Author), 123454321 eingeben, Enter, F (für Factor), Enter.**

$$1: \quad 123454321$$
$$2: \quad 41^2\ 271^2$$

3. Finden Sie alle Wurzeln der Gleichung $x^2-23x+132 = 0$.

> **Eingaben: A (für Author), x^2-23x+132=0 eingeben, Enter, L (für soLve), Enter.**

$$1: \quad x^2 - 23\ x + 132 = 0$$
$$2: \quad x = 11$$
$$3: \quad x = 12$$

4. Zeichnen Sie die Graphen $y = x$, $y = x^2$, $y = x^3$ in dasselbe Koordinatensystem .

> **Eingaben: A (für Author), y=x eingeben, Enter, A (für Author), y=x^2 eingeben, Enter, A(für Author), y=x^3 eingeben, Enter, W (für Window), S (für Split), V (für Vertical), Enter, F1 drücken (um in das Graphikfenster zu wechseln), W (für Window), D (für Designate), 2 eingeben (für 2D-plot), y (für yes), P (für Plot), A (für Algebra), Pfeil nach oben, P (für Plot), P (für Plot), A (für Algebra), Pfeil nach oben, P (für Plot), P (für Plot).**

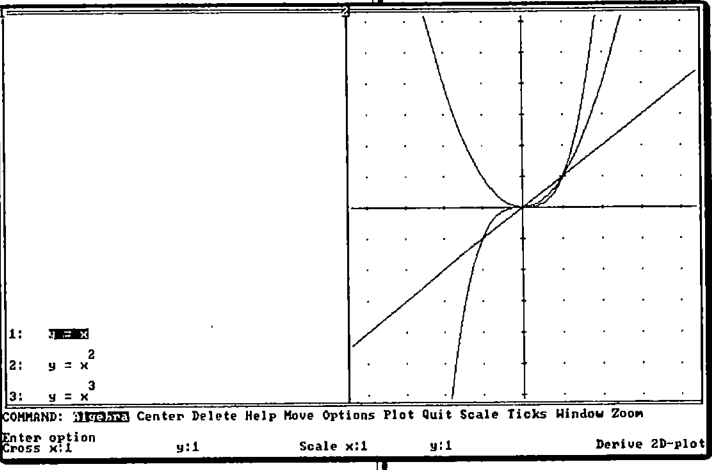

Bestehen Ihre 2D Graphen nur aus Punkten (statt durchgezogen zu sein), korrigieren Sie mit O (für Options), D (für Display), G für (Graphics), Enter. Das Schließen eines Fensters erfolgt mit W (für Window), C (für Close), Enter.

5. Ausmultiplizieren von (y-13)(y+5).

> **Eingaben: A (für Algebra), A (für Author), (y-13)(y+5) eingeben, Enter,
> E (für Expand), Enter.**

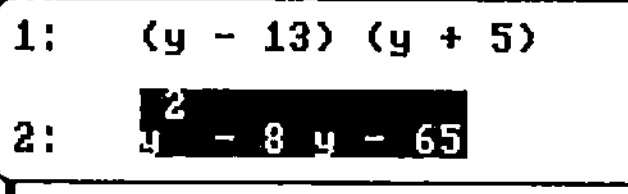

6. Lösen Sie $x^6-1 = 0$.

> **Eingaben: A (für Author), x^6-1=0 eingeben, Enter, L (für soLve),
> Enter.**

7. Verwenden Sie *DERIVE,* um Listen von mathematischen
Ausdrücken zu erstellen, die unser mathematisches Verständnis
unterstützen. Zum Beispiel:

> **Eingaben: A (for Author),
> vector(kn, k, 1, 10) eingeben,
> Enter, S (für Simplify), Enter.**

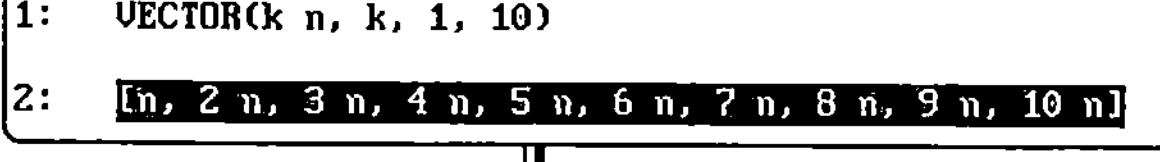

> **Eingaben: A (für Author),
> vector(x^n,n,1,10) eingeben, Enter, S (für
> Simplify), Enter,
> C (für Calculus), D (für Differentiate),
> Enter, Enter, Enter,
> S (für Simplify), Enter.**

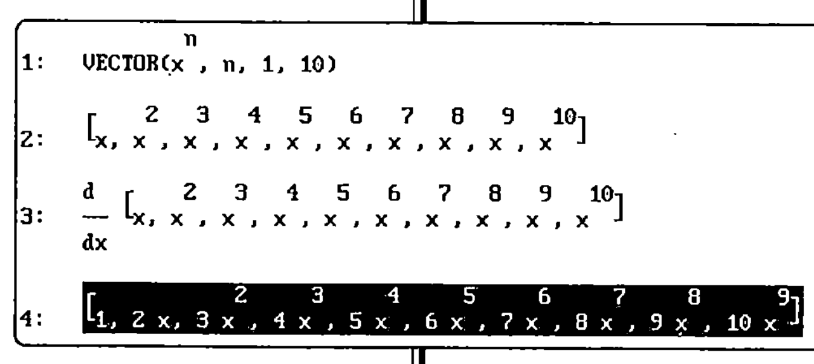

Wir haben eine Familie von Polynomen und deren Ableitungen erzeugt.
Ein Schüler, für den Differential-
rechnung neu ist, könnte diese Ergebnisse untersuchen und
Muster finden.

Eine andere Liste kann durch den Befehl **iterates** erstellt werden. Wenn wir x = 0.3 nehmen, und cos(0.3) und cos(cos(0.3))
usw. berechnen, führen wir per Hand aus, was **iterates** automatisch macht.

**Eingaben: A (für Author), iterates(cosx, x, 0.3, 4)
eingeben, Enter, X (für approX), Enter.**

```
1:    ITERATES(COS(x), x, 0.3, 4)

2:    [0.3, 0.955336, 0.577334, 0.837920, 0.669010]
```

Sie sehen, daß wir fünf Terme erzeugt haben, als die letzte Option vier war. Probieren Sie die letzte Option mit acht aus. Können Sie ein Muster voraussagen?
Wir wollen Potenzen einer Zahl untersuchen, z.B. Zweierpotenzen:

**Eingaben:
A (für Author),
vector(2^n, n, 12)
eingeben, Enter, S
(für Simplify), Enter.**

```
1:    VECTOR(2 , n, 12)
2:    [2, 4, 8, 16, 32, 64, 128, 256, 512, 1024, 2048, 4096]
3:    VECTOR([SIN(n 30 °), COS(n 30 °), TAN(n 30 °), COT(n 30 °)], n, 0, 6)
```

Wir können uns diese Liste ansehen und Muster finden ... addieren Sie die Ziffern in jeder Zahl.
Auf ähnliche Weise können wir eine Liste mit trigonometrischen Funktionen erstellen.

Eingaben: A (für Author), vector([sin(n*30deg), cos(n*30deg), tan(n*30deg), cot(n*30deg)], n, 0, 6) eingeben, Enter, S (für Simplify), Enter.

$$
4: \begin{bmatrix}
0 & 1 & 0 & \dfrac{1}{0} \\
\dfrac{1}{2} & \dfrac{\sqrt3}{2} & \dfrac{\sqrt3}{3} & \sqrt3 \\
\dfrac{\sqrt3}{2} & \dfrac{1}{2} & \sqrt3 & \dfrac{\sqrt3}{3} \\
1 & 0 & \dfrac{1}{0} & 0 \\
\dfrac{\sqrt3}{2} & -\dfrac{1}{2} & -\sqrt3 & -\dfrac{\sqrt3}{3} \\
\dfrac{1}{2} & -\dfrac{\sqrt3}{2} & -\dfrac{\sqrt3}{3} & -\sqrt3 \\
0 & -1 & 0 & \dfrac{1}{0}
\end{bmatrix}
$$

Wenn Sie binomiale Ausdrücke untersuchen möchten, könnten Sie folgendes versuchen:

Eingaben: A (für Author), vector((a+b)^n, n, 5) eingeben, Enter, S (für Simplify), Enter, E (für Expand), Enter, Enter.

```
1:    VECTOR((a + b) , n, 5)
2:    [a + b, (a + b)², (a + b)³, (a + b)⁴, (a + b)⁵]
3:    [a + b, a² + 2 a b + b², a³ + 3 a² b + 3 a b² + b³, a⁴ + 4 a³ b + 6 a² b² +
```

Diese Liste ist länger als eine Zeile. Um den Ausdruck seitlich zu verschieben, halten Sie die Strg Taste und drücken Sie Pfeil nach rechts, um weiter nach rechts zu gehen. Oder Sie drücken Pfeil nach rechts, um den ersten Ausdruck zu markieren und dann nochmals, um den nächsten Term zu sehen und so weiter.

Mit dem Vektorbefehl erzeugen Sie eine Liste von Ausdrücken, welche dann gezeichnet werden können. Wir erstellen eine Liste mit Parameterausdrücken (der erste Term ist der x Wert, und der zweite Term ist der y Wert). Mit dem Zeichenbefehl haben wir die Möglichkeit, eine Liste von Ausdrücken zu zeichnen.

Eingaben: A (für Author), vector([(cost)^n, (sint)^n,], n, 5) eingeben, Enter, S (für Simplify), Enter, W (für Window), S (für Split), V (für Vertical), Enter, F1 drücken (um ins zweite Fenster zu wechseln), W (für Window), D (für Designate), 2 (für 2D plot), Y (für Yes), P (für Plot), Enter fünfmal drücken, F9 drücken (um zu vergrößern).

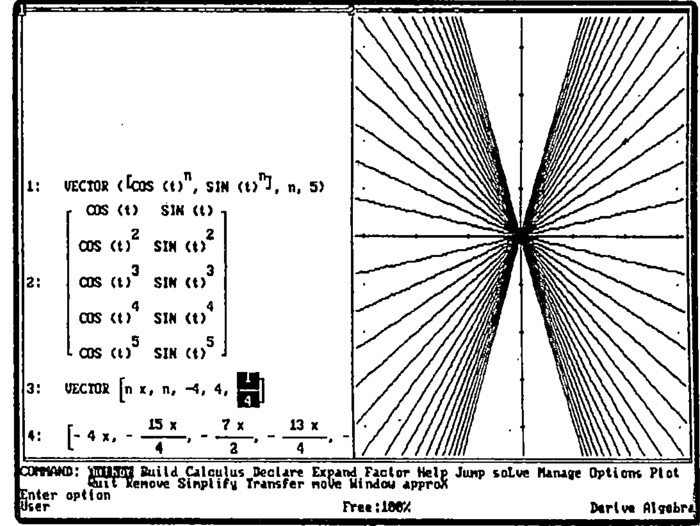

Den Befehl **plot** fünfmal zu aktivieren ist nötig, um mehr als eine Parameterkurve auf einmal zeichnen zu können.

Sie können auch eine Liste regulärer kartesischer Graphen erstellen, und sie alle gleichzeitig zeichnen. Viele schöne Effekte sind möglich:

Eingaben: A (für Algebra), A (für Author), vector(n*x, n, -4, 4, 1/4) eingeben, Enter, S (für Simplify), Enter, P (für Plot), D (für Delete), A (für All), P (für Plot).

Die Funktion **vector** ist hilfreich, wenn Sie für eine Untersuchung eine Liste mit Dezimalzahlen erstellen möchten, die genug Dezimalstellen aufweist, um einen bestimmten Effekt zu veranschaulichen.

Eingaben: A (für Algebra), A (für Author), vector([n, 1/n], n, 23, 33, 1) eingeben, Enter, O (für Options), P (für Precision), Tab, 33 eingeben, Enter, X (für approX), Enter, F1 drücken, W (für Window), C (für Close), Enter.

Haben Sie die Genauigkeit erhöht, vergessen Sie nicht, sie auf die Voreinstellung von 6 Stellen zurückzustellen.

```
5:    VECTOR[[n, 1/n], n, 23, 33, 1]
        23   0.043478260869565217391304347826086 9
        24   0.041666666666666666666666666666666 66
        25                  0.04
        26   0.038461538461538461538461538461538 4
        27   0.037037037037037037037037037037037 0
6:      28   0.035714285714285714285714285714285 7
        29   0.034482758620689655172413793103448 2
        30   0.033333333333333333333333333333333 33
        31   0.032258064516129032258064516129032 2
        32               0.03125
        33   0.030303030303030303030303030303030 3
```

Ein Vektor aus Vektoren ist bei *DERIVE* eine Matrix. Normale Matrixoperationen stehen zur Verfügung. Wir können eine Matrix m auf zwei Arten definieren:

Eingaben: A (für Author), m:=[[1, 2], [3, 4]] eingeben, Enter, D (für Declare) drücken, M (für Matrix); wenn sich der Begriff Ins im unteren Teil des Bildschirms befindet, drücken Sie die Taste Einfügen. Weiter mit: 2 eingeben; Tab, 2 eingeben, Enter, w eingeben, Enter, x eingeben, Enter, y eingeben, Enter, z eingeben, Enter, A (für Author), p:= eingeben, F3 drücken (zum Kopieren), Enter, A (für Author), 2m eingeben, Enter, S (für Simplify), Enter.

```
1:    m := [ 1  2 ]
              3  4

2:        [ w  x ]
            y  z

3:    p := [ w  x ]
              y  z

4:    2 m

5:        [ 2  4 ]
            6  8
```

Versuchen Sie viele Kombinationen . . . m² oder m + p oder m.m (verwenden sie einen Dezimalpunkt für die Matrixmultiplikation), 1/p, or p⁻¹ für Inverse oder 2p + 3m. In jedem Fall wird S (für Simplify) den Vorgang ausführen.

Wenn wir Polynome der Form xⁿ-1 untersuchen, wobei n eine natürliche Zahl ist, und wissen wollen, wie diese Polynome faktorisiert werden, können wir den folgenden Vektor erstellen und damit arbeiten:

Eingaben: A (für Author), vector(x^n-1,n,4) eingeben, Enter, S (für Simplify), Enter, F (für Factor), Enter, R (für Rational).

```
3:    VECTOR (x^n - 1, n, 4)

4:    [x - 1, x^2 - 1, x^3 - 1, x^4 - 1]

5:    [x - 1, (x - 1) (x + 1), (x - 1) (x^2 + x + 1), (x - 1) (x + 1) (x^2 + 1)]
```

Wenn wir glauben, daß den Faktorisierungen von x^2-1, x^4-1, und x^8-1 ein Muster zugrunde liegt, dann können wir folgendes versuchen:

Eingaben: A (für Author), vector(x^(2^n)-1,n,3) eingeben, Enter, S (für Simplify), Enter, F (für Factor), Enter, R (für Rational).

```
6:    VECTOR [x^(2^n) - 1, n, 3]

7:    [x^2 - 1, x^4 - 1, x^8 - 1]

8:    [(x - 1) (x + 1), (x - 1) (x + 1) (x^2 + 1), (x - 1) (x + 1) (x^2 + 1) (x^4 + 1)]
```

8. Verwenden Sie die Grenzwert-Definition der Steigung, um die Steigung von $y = \sin(x)$ zu analysieren.

Eingaben: A (für Author), (sin(x+h)-sinx)/(x+h-x) eingeben, Enter, C (für Calculus), L (für Limit), Enter, Del drücken bis gelöscht, h eingeben, Enter, 0 eingeben, Tab, A (für Above), Enter, S (für Simplify), Enter.

```
1:    SIN (x + h) - SIN (x)
      ─────────────────────
            x + h - x

2:    lim   SIN (x + h) - SIN (x)
      h→0   ─────────────────────
                  x + h - x

3:    COS (x)
```

9. Lösen Sie $3x+5 = 21$ in mehreren Schritten.

Eingaben: A (für Author), 3x+5=21 eingeben, Enter, B (für Build), Enter, - eingeben, Pfeil links, Pfeil nach unten, Pfeil rechts, Enter, D (für Done), S (für Simplify), Enter.

```
1:    3 x + 5 = 21

2:    (3 x + 5 = 21) - 5

3:    3 x = 16
```

Eingaben: B (für Build), Enter, / eingeben, Pfeil links, Pfeil nach unten, Enter, D (für Done), S (für Simplify), Enter, X (für approXimate), Enter.

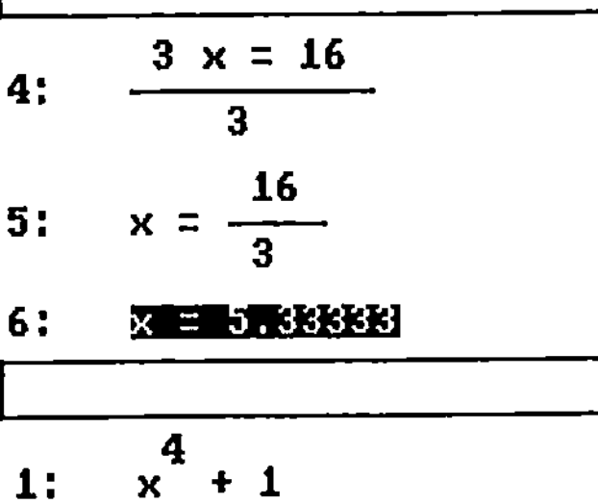

10. Zerlegen Sie x^4+1 in Linearfaktoren, wobei, wenn nötig, komplexe Zahlen verwendet werden.

Eingaben: A (für Author), x^4+1 eingeben, Enter, O (für Options), P (für Precision), E (für Exact), Enter, F (für Factor), Enter, R (für Rational).

DERIVE gibt denselben Ausdruck wieder zurück, den wir eingegeben haben, daher ist ein Faktorisieren mit ausschließlich rationalen Zahlen nicht möglich. Wir versuchen es jetzt mit **Factor- raDical**.

Eingaben: F (für Factor), Enter, D (für raDical).

Wir sehen, daß ein Faktorisieren möglich war, wenn wir Wurzeln zulassen. Wir markieren jetzt die zwei Faktoren getrennt, und versuchen sie weiter zu zerlegen, wobei komplexe Zahlen zugelassen sind.

Eingaben: Pfeil nach links, F (für Factor), Enter, C (für Complex), zweimal Pfeil nach rechts (um $x^2-\sqrt{2}x+1$ zu markieren), F (für Factor), Enter, C (für Complex).

Bei dieser einen einen kleinen Aufgabe eröffnen sich bereits faszinierend viele Wege!

11. Wandeln Sie $(1+\hat{\imath})^{13}$ in die übliche Darstellungsform komplexer Zahlen um.

Eingaben: A (für Author), (1+ eingeben, (halten sie die Alt-Taste gedrückt und schreiben Sie i), ^13 eingeben, Enter, S (für Simplify), Enter.

12. Lösen Sie die Gleichung sin(x)= cos(x) mit graphischen
Methoden.

Eingaben: A (für Author), sinx eingeben, Enter, A (für Author), cosx eingeben, Enter, W (für Window), S (für Split), V (für Vertical), Enter, F1, W (für Window), D (für Designate), 2 eingeben (für 2D-plot), y (für Yes), A (fürAlgebra), P (für Plot), P (für Plot), A (für Algebra), Pfeil nach oben (um sin(x) zu markieren), P (für Plot), P (für Plot).

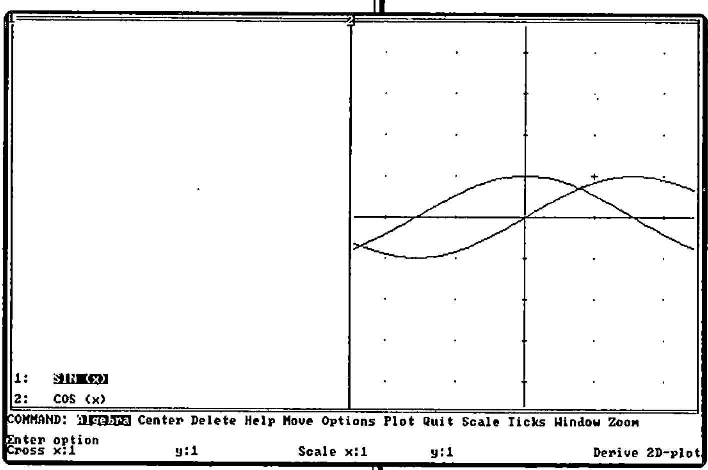

Jetzt sollten Sie zwei Graphen
auf demselben Gitter haben.
Wie Ihr Bild aussieht, hängt
von drei Einstellungen ab:
Scale, Option-Accuracy und Ticks. Ich mache jetzt Vorschläge
für Einstellungen, die gut funktionieren und löse dann die
Aufgaben. Sie können später versuchen, die Einstellungen zu
variieren, um zu sehen, was dann passiert.

Eingaben: S (für Scale), 1 eingeben, Tab, 0.5 eingeben, Enter, T (für Ticks), Del drücken, um zu löschen, 2 eingeben, Tab, Del drücken, um zu löschen, 5 eingeben, Enter, O eingeben (für Options), A (für Accuracy), 6 eingeben, Enter.

Jetzt bewegen wir das Graphik-Kreuz (+) auf dem Bildschirm
zu einem Punkt, an dem sich die beiden Graphen schneiden.
Schauen Sie auf ihren Graphikbildschirm und drücken Sie die
Pfeiltasten. Sie sehen dann, wie sich das Graphik-Kreuz bewegt.
Ist das nicht der Fall, drücken Sie die Home Taste, um das
Graphik-Kreuz zurück auf (0,0) zu bringen und drücken Sie
dann die Pfeiltasten. Wenn es schneller gehen soll, verwenden
Sie die Tasten Bild-Auf und Bild-Ab für vertikale Bewegung
und halten Sie die Strg-Taste und drücken Sie Pfeil nach links
und Pfeil nach rechts für horizontale Bewegungen.

Gehen Sie mit dem Graphik-Kreuz auf einen Punkt, an dem sich die beiden Graphen schneiden; lesen Sie im linken unteren Bereich Ihres Bildschirms die x- und y-Werte des Graphik-Kreuzes ab. Ich lese x: .775   y: .6785.

Eingaben: A (für Algebra), A (für Author), .775 eingeben, Enter, F1 drücken (zurück zum Zeichenfenster), Strg gedrückt halten und Pfeil nach rechts drücken, bis sich das Graphik-Kreuz (+) dem nächsten Schnittpunkt nähert, und dann Pfeil nach links oder rechts allein, um näherzukommen (wenn sich Ihr nächster Schnittpunkt nicht mehr auf dem Bildschirm befindet, bewegen Sie das Graphik-Kreuz so nahe heran wie möglich und drücken Sie dann C (für Center)).

Für x lese ich als nächstes 3.925 und für y -.6785 ab.

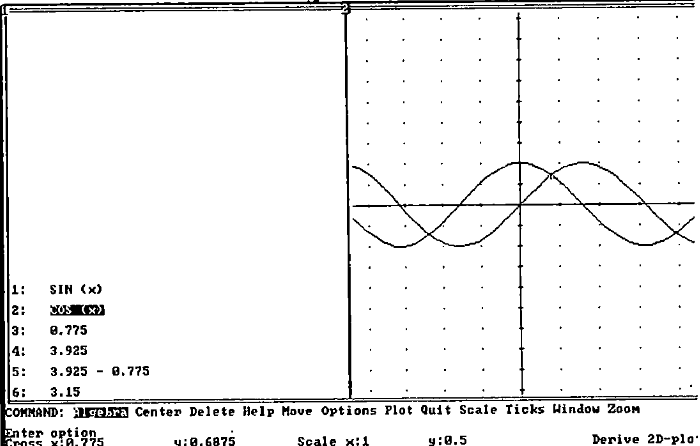

Eingaben: A (für Algebra), A (für Author), 3.925 eingeben, Enter, B (für Build), Enter, Pfeil nach oben (um 0.775 zu markieren), Enter, D (für Done), X (für approXimate), Enter.

Ein weiterer Durchgang:

Eingaben: F1 drücken (um in das Graphikfenster zu wechseln), Strg-Taste festhalten und zweimal Pfeil nach links drücken.

Diese Vorgehensweise scheint das Graphik-Kreuz zur linken Einheit 1 zu bewegen. Wenn der nächste Schnittpunkt etwa 2p oder 6.28 Einheiten links von unserem Schnittpunkt bei (3.925, -.6785) liegt, dann:

Eingaben: Halten Sie die Strg-Taste fest und drücken Sie Pfeil nach links, um fünf Einheiten nach links zu gehen (oder zehn Tastendrücke) drücken Sie dann einige Male Pfeil nach links alleine, um nahe an den nächsten Schnittpunkt heranzukommen.

Wenn Sie sich außerhalb des Bildschirms befinden - kein Problem, denn . . .

Eingaben: C (für Center) eingeben

Sehen Sie, ob Sie richtig vorhergesagt haben!

13. Lösen Sie das Problem 12 mit analytischen Methoden.

Eingaben: A (für Author), sinx=cosx eingeben, Enter, L (für soLve), Enter.

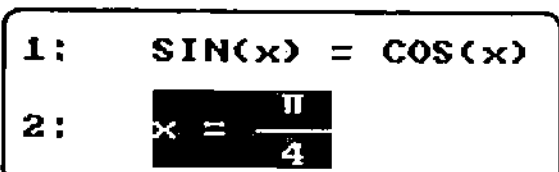

14. Finden Sie den Grenzwert von sin(x)/x für x gegen 0.

Eingaben: A (für Author), sinx/x eingeben, Enter, C (für Calculus), L (für Limit), Enter, Enter, 0 eingeben, Tab, A (für Above), Enter, S (für Simplify), Enter.

15. Lösen Sie die Gleichung Kraft = Masse*Beschleunigung auf nach Masse; nach Beschleunigung. Bestimmen Sie die Kraft, wenn Masse = 12g und Beschleunigung = 9.8 m/sec² sind.

Eingaben: O (für Options), I (für Input), W (für Word), A (für Author), Kraft=Masse*Beschleunigung eingeben, Enter, O (für Options), P (für Precision), E (für Exact), Enter, L (für soLve), Enter, Entf-Taste halten um zu löschen, Masse eingeben, Enter.

Eingaben: L (für soLve), Enter, Enter.

Eingaben: Pfeil nach oben (um Kraft=Masse Beschleunigung zu markieren), M (für Manage), S (für Substitute), Enter, Entf-Taste gedrückt halten zum Löschen und 9.8 eingeben, wenn Sie gerade Beschleunigung gelöscht, oder 12, wenn Sie gerade Masse gelöscht haben, Enter, wenn die Substitutions-Variable: Kraft ist, Enter drücken, wenn sie Masse ist, Entf gedrückt halten zum Löschen und 12 eingeben, Enter, S (für Simplify), Enter, X (für approXimate), Enter, wenn Sie fertig sind, gehen Sie zurück auf Character Mode ..., O (für Options), I (for Input), C (for Character), Enter.

16. Faktorisieren Sie $64x^6-125y^3$.

Eingaben: A (für Author), 64x^6-125y^3 eingeben, Enter, F (für Factor), Enter, Enter, R (für Rational).

$$1: \quad 64\,x^6 - 125\,y^3$$
$$2: \quad (4\,x^2 - 5\,y)\,(16\,x^4 + 20\,x^2\,y + 25\,y^2)$$

17. Definieren Sie eine Funktion, die die Entfernung zwischen zwei Punkten (a,b) und (c,d) angibt. Verwenden Sie diese Funktion, um die Entfernung zwischen (17,11) und (-5,-13) zu finden.

Eingaben: D (für Declare), F (für Function), 'Entfernung' eingeben, Enter, Alt-Taste gedrückt halten und Q eingeben (für das Quadratwurzelzeichen), ((c-a)^2+(d-b)^2) eingeben, Enter, A (für Author), 'Entfernung' (17,11,-5,-13) eingeben, Enter, S (für Simplify), Enter, X (für approXimate), Enter.

$$1: \quad \text{DISTANCE}\ (a,\ b,\ c,\ d) := \sqrt{((c - a)^2 + (d - b)^2)}$$
$$2: \quad \text{DISTANCE}\ (17,\ 11,\ -5,\ -13)$$
$$3: \quad 2\ \sqrt{265}$$
$$4: \quad 32.55761$$

18. Finden Sie die Steigung von 2x-3y = 13 ohne Verwendung von Differentialrechnung. Verwenden Sie die Form y = mx+b, mit m als Steigung und b als Abschnitt auf der y-Achse.

Eingaben: A (für Author), 2x-3y=13 eingeben, Enter, O (für Option), P (für Precision), E (für Exact), Enter, L (für soLve), Enter, Entf-Taste gedrückt halten bis gelöscht, y eingeben, Enter, E (für Expand), Enter, Enter.

$$1: \quad 2\,x - 3\,y = 13$$
$$2: \quad y = \frac{2\,x - 13}{3}$$
$$3: \quad y = \frac{2\,x}{3} - \frac{13}{3}$$

Es stellt sich heraus, daß die Steigung 2/3 ist.

19. Zeichnen Sie den Kreis $x^2+y^2 = 1$.

Eingaben: A (für Author), x^2+y^2=1 eingeben, Enter, L (für soLve), Enter, y eingeben, Enter, W (für Window), S (für Split), V (für Vertical), Enter, drücken Sie F1 (um ins nächste Fenster zu wechseln), W (für Window), D (für Designate), 2 (für 2D-plot), y (für yes), P (für Plot).

Schauen Sie jetzt zu, wie *DERIVE* den oberen Teil des Kreises zeichnet.

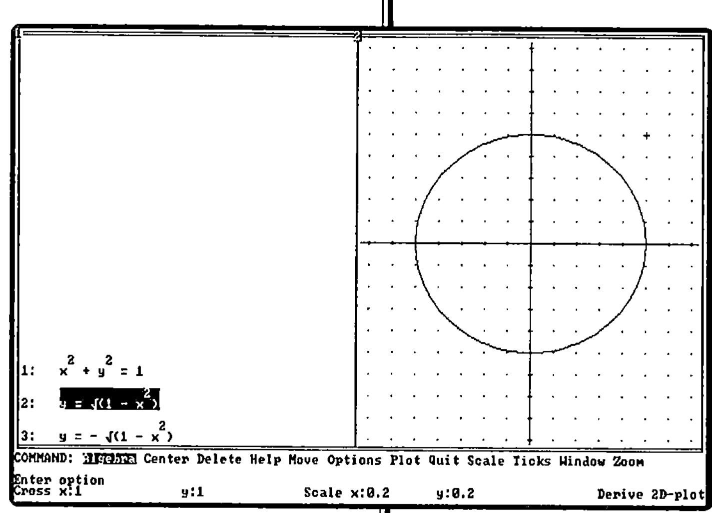

Eingaben: A (für Algebra), Pfeil nach oben (um y=sqrt(1-x²) zu markieren), P (für Plot), P (für Plot).

20. Finden Sie die Summe der Zahlen von 1 bis 10; von 1 bis 20; von 1 bis 30; von 1 bis n.

Eingaben: A (für Author), k eingeben, Enter, C (für Calculus), S (für Sum), Enter, Enter, Tab, 10 eingeben, Enter, S (für Simplify), Enter;

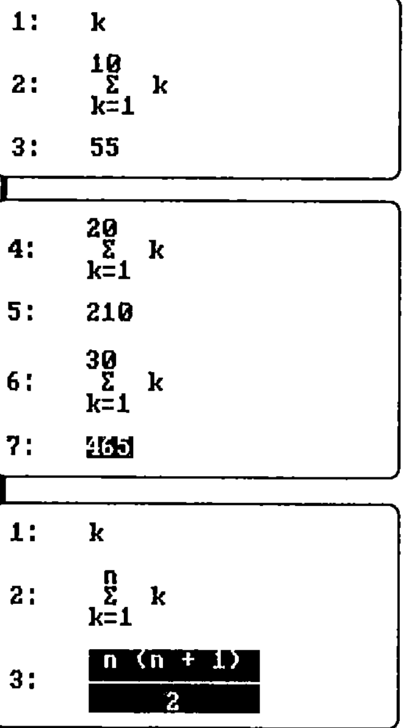

Eingaben: Einmal Pfeil nach oben, A (für Author), F3 drücken, Strg-Taste festhalten und A zweimal drücken, 2 eingeben, Enter, S (für Simplify), Enter, einmal Pfeil nach oben, A (für Author), F3 drücken, Strg gedrückt halten und zweimal A eingeben, 3 eingeben, Enter, S (für Simplify), Enter;

Eingaben: A (für Author), k eingeben, Enter, C (für Calculus), S (für Sum), Enter, Enter, Enter, S (für Simplify), Enter.

21. Finden Sie mit Hilfe graphischer Methoden die Steigung
von $y = x^2$ bei den Punkten (1,1), (2,4) und (3,9). (Hier verwenden wir ***DERIVE*** als mathematisches Mikroskop!). Zuerst
öffnen wir ein Graphikfenster:

> **Eingaben: W (für Window), S (für Split), V (für Vertical), Enter, F1
> drücken (um zum nächsten Fenster zu gelangen), W (für Window), D
> (für Designate), 2 (für 2D-plot), y eingeben (für yes), A (für Algebra).**

Jetzt arbeiten wir an den Graphen.

> **Eingaben: A (für Author), y=x^2 eingeben, Enter, P (für Plot), M (für
> Move), Entf eingeben um zu löschen, 1 eingeben, Tab, Entf drücken um
> zu löschen, 1 eingeben, Enter, C (für Center), S (für Scale), 0.001
> eingeben, Tab, 0.001 eingeben, Enter, T (für Ticks), 1 eingeben, Tab, 1
> eingeben, Enter, P (für Plot).**

Wenn wir uns dem Graphen $y = x^2$ bei (1,1) nähern, stellen wir
fest, daß die Kurve recht gerade ist. Das Graphik-Kreuz (+)
steht auf (1,1). Gehen Sie nach Augenmaß eine Einheit (oder
einen Gitterpunkt) nach rechts und zwei Einheiten nach oben,
um wieder zur "Kurve" zu gelangen. Die Steigung ist 2/1.
Jetzt gehen wir zum Punkt (2,4), der sich auch auf der Kurve y
$= x^2$ befindet.

> **Eingaben: M (für Move), 2 eingeben, Tab, 4 eingeben, Enter, C (für
> Center).**

Wir betrachten nun $y = x^2$ noch einmal genauer bei (2,4).
Zählen Sie 1 nach rechts und 4 nach oben, um auf die "Kurve"
zu treffen. Die Steigung ist 4/1 (die "Kurve" scheint hier bei
(2,4) steiler zu sein als zuvor bei (1,1)). Versuchen Sie
Ähnliches bei (3,9) oder an einem anderen Punkt. Versuchen
Sie dasselbe mit verschiedenen Funktionen, z.B.
$y = x^3$ oder $y = 2x^2$ oder $y = e^x$ oder $y = \sin(x)$ oder ...

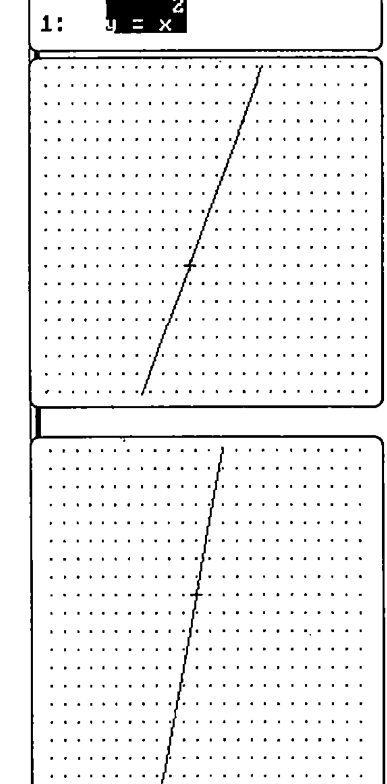

22a. Berechnen Sie den Flächeninhalt zwischen
$y = x$ und $y = 0$ und $x = 1$.

> **Eingaben: A (für Author), x eingeben, Enter, C (für Calculus), I (für Integrate), Enter, Enter, 0 eingeben, Tab drücken, 1 eingeben, Enter, S (für Simplify), Enter.**

Bei den Fragen 22b und 22c werden keine Eingaben aufgeführt. Sie müssen fast dasselbe tun wie bei 22a.

22b. Berechnen Sie den Flächeninhalt zwischen $y = x^2$ und $y = 0$ und $x = 1$.

22c. Berechnen Sie den Flächeninhalt zwischen $y = x^3$ und $y = 0$ und $x = 1$.

Ein kleiner Graph wäre jetzt vielleicht ganz schön.

> **Eingaben: W (für Window), S (für Split), V (für Vertical), Entf halten, um zu löschen, 34 eingeben (um den Bereich der vertikalen Linie 34 Einheiten (von 80) von links zu plazieren), Enter, F1 drücken (um ins Graphikfenster zu wechseln), W (für Window), D (für Designate), 2 eingeben (für 2-D plot), y (für yes), T (für Ticks), Entf eingeben um zu löschen, 4 eingeben, Tab, Entf zum Löschen drücken, 9 eingeben, Enter.**

> **Eingaben: A (für Algebra), Pfeil nach oben, Pfeil nach rechts (um x zu markieren), P (für Plot), P (für Plot), A (für Algebra), A (für Author), [1,y] eingeben, Enter, P (für Plot), P (für Plot), Entf gedrückt halten, um zu löschen, 0 eingeben, Tab, Entf zum Löschen gedrückt halten, 1 eingeben, Enter.**

Dieses Bild zeigt uns den Bereich, der von y=x, der x-Achse und x=1 eingeschlossen ist. Wir können sehen, daß die Antwort 1/2 für den Bereich ein plausibles Ergebnis ist.

$$1: \quad x$$

$$2: \quad \int_0^1 x \, dx$$

$$3: \quad \frac{1}{2}$$

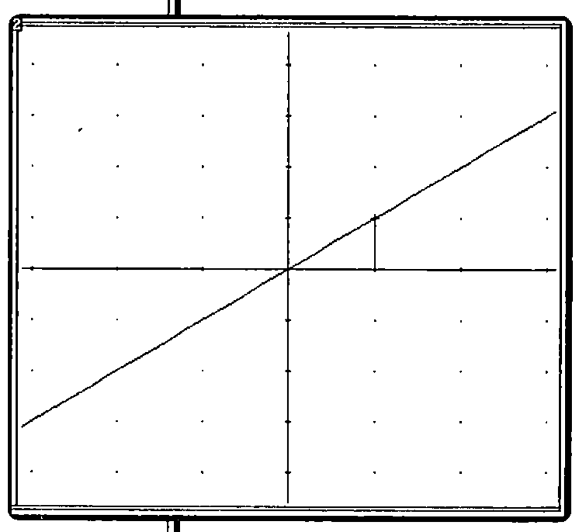

Eingaben: A (für Algebra), A (für Author), x^2 eingeben, Enter, C (für Calculus), I (für Integrate), Enter, Enter, 0 eingeben, Tab, 1 eingeben, Enter, S (für Simplify), Enter, Pfeil nach oben, Pfeil nach rechts (um x^2 zu markieren), P (für Plot), P (für Plot).

Mein Bild ist klein, daher bewege ich das Graphik-Kreuz mit den Pfeiltasten zu dem entscheidenden Bereich.

Eingaben: C (für Center), F9 drücken, F9 drücken, C (für Center) um besser sehen zu können.

Versuchen Sie selbst.

Eingaben: A (für Algebra), A (für Author), x^3 eingeben, Enter, C (für Calculus), I (für Integrate), Enter, Enter, 0 eingeben, Tab, 1 eingeben, Enter, S (für Simplify), Enter, Pfeil nach oben, Pfeil nach rechts (um x^3 zu markieren), P (für Plot), P (für Plot).

23. *DERIVE* kann in allen Zahlensystemen zwischen 2 und 36 arbeiten. Durch die folgende Eingabe belassen Sie die Basis für die Eingabe bei 10 und ändern die Basis für die Ausgabe auf 2. Sehen Sie dann, was passiert, wenn die Zahl 32 eingegeben und der Term x^4-1 faktorisiert wird.

Eingaben: O (für Options), R (für Radix), Tab, Entf drücken, um zu löschen, 2 eingeben (für Output), Enter, A (für Author), 32 eingeben, Enter, A (für Author), x^4-1 eingeben, Enter, F (für Factor), Enter, R (für Rational).

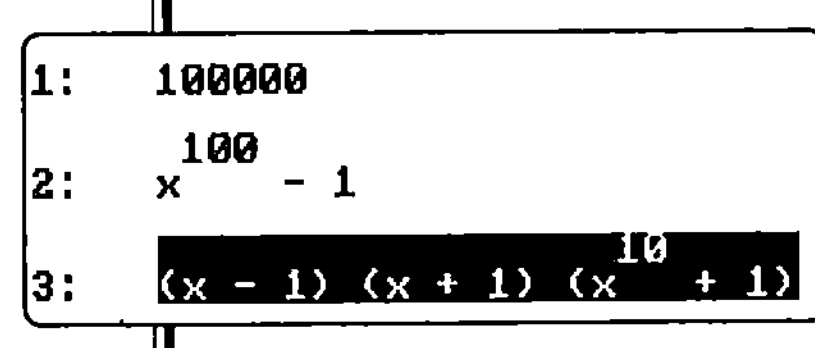

Wenn sie mit dieser Übung fertig sind, stellen Sie das Zahlensystem wieder zurück auf 10 für Input und 10 für Output.

24. Finden Sie für sin(2x) einen äquivalenten Ausdruck, in dem hauptsächlich sinx vorkommt. Gehen sie bei sin(4x) und sin(6x) gleichermaßen vor.

Eingaben: A (für Author), sin(2x) eingeben, Enter, M (für Manage), T (für Trigonometry), E (für Expand), S (für Sines), Enter, S (für Simplify), Enter.

Eingaben: A (für Author), sin(4x) eingeben, Enter, S (für Simplify), Enter.

Eingaben: A (für Author), sin(6x) eingeben, Enter, S (für Simplify), Enter.

```
1:    SIN (2 x)

2:    2 SIN (x) COS (x)

3:    SIN (4 x)
                                3
4:    (4 SIN (x) - 8 SIN (x) ) COS (x)

5:    SIN (6 x)
                     5             3
6:    (32 SIN (x)  - 32 SIN (x)  + 6 SIN (x)) COS (x)
```

25. Untersuchen Sie Iterationen der Funktion 1+1/x.

Eingaben: D (für Declare), F (für Function), phi eingeben, Enter, 1+1/x eingeben, Enter.

$$1: \quad PHI\ (x)\ :=\ 1 + \frac{1}{x}$$

Das ist das Ende der ersten Runde.

Eingaben: A (für Author), phi(phi(x)) eingeben, Enter.

$$2: \quad PHI\ (PHI\ (x))$$

Das ist das Ende der zweiten Runde.

Eingaben: M (für Manage), S (für Substitute), Enter, Entf um zu löschen, F3 (um zu kopieren), Enter.

$$3: \quad PHI\ (PHI\ (PHI\ (PHI\ (x))))$$

Dies ist das Ende der dritten Runde. Am Ende der ersten Runde hatten wir eine Stufe; am Ende der zweiten Runde hatten wir zwei Stufen; am Ende der dritten Runde hatten wir vier Stufen und am Ende der vierten Runde hätten wir acht Stufen gehabt.

Berechnen Sie eine Zahl, die eine Näherung für den Wert von phi ist:

Eingaben: M (für Manage), S (für Substitute), Enter, Entf um zu löschen, 1 eingeben, Enter, S (für Simplify), Enter, X (für approXimate), Enter.

Das kann alles automatisiert werden:

Eingaben: A (für Author), iterates(1+1/x, x, 1+1/x, 5) eingeben, Enter, F (für Factor), Enter, R (für Rational), M (für Manage), S (für Substitute), Enter, 1 eingeben, Enter, S (für Simplify), Enter.

```
4:    PHI (PHI (PHI (PHI (1))))

          8
5:       ---
          5

6:    1.6
```

$$1:\quad \text{ITERATES}\left[1 + \frac{1}{x},\ x,\ 1 + \frac{1}{x},\ 5\right]$$

$$2:\quad \left[\frac{x+1}{x},\ \frac{2x+1}{x+1},\ \frac{3x+2}{2x+1},\ \frac{5x+3}{3x+2},\ \frac{8x+5}{5x+3},\ \frac{13x+8}{8x+5}\right]$$

$$3:\quad \left[\frac{1+1}{1},\ \frac{2\cdot1+1}{1+1},\ \frac{3\cdot1+2}{2\cdot1+1},\ \frac{5\cdot1+3}{3\cdot1+2},\ \frac{8\cdot1+5}{5\cdot1+3},\ \frac{13\cdot1+8}{8\cdot1+5}\right]$$

$$4:\quad \left[2,\ \frac{3}{2},\ \frac{5}{3},\ \frac{8}{5},\ \frac{13}{8},\ \frac{21}{13}\right]$$

26. Untersuche $y=x^{10}$, $y=2^x$ und $y=3^x$ um festzustellen, wo die Schnittpunkte liegen.

Eingaben: A (für Author), vector([x,x^10,2^x,3^x],x,10,60,10) eingeben, Enter, X (für approXimate), Enter.

Aus der resultierenden Tabelle können wir ersehen, in welchem Bereich die jeweiligen Schnittpunkte liegen. Für x^{10} und 2^x könnten wir nun die Tabelle für Werte zwischen 55 und 60 berechnen lassen.

$$1:\quad \text{VECTOR}\left(\left[x,\ x^{10},\ 2^x,\ 3^x\right],\ x,\ 10,\ 60,\ 10\right)$$

$$2:\quad \begin{bmatrix} 10 & 10^{10} & 1024 & 59049 \\ 20 & 1.024\cdot10^{13} & 1.04857\cdot10^{6} & 3.48678\cdot10^{9} \\ 30 & 5.9049\cdot10^{14} & 1.07374\cdot10^{9} & 2.05891\cdot10^{14} \\ 40 & 1.04857\cdot10^{16} & 1.09951\cdot10^{12} & 1.21576\cdot10^{19} \\ 50 & 9.76562\cdot10^{16} & 1.12589\cdot10^{15} & 7.17896\cdot10^{23} \\ 60 & 6.04661\cdot10^{17} & 1.15292\cdot10^{18} & 4.23881\cdot10^{28} \end{bmatrix}$$

Von diesem Problem hörte ich das erste Mal auf der Exeter Konferenz über "Computer und Mathematikunterricht in der Sekundarausbildung". Diese inspirierende Gruppe würde ich jedem Mathematiklehrer empfehlen.

Eingaben: A (für Author), vector([x, x^10, 2^x], x, 55, 60) eingeben, Enter, X (für approXimate), Enter.

Bei dieser Tabelle sieht es so aus, als ob sich $y=x^{10}$ und $y=2^x$ zwischen $x = 58$ und $x = 59$ schneiden. Durch weitere Verfeinerungen können wir uns dem Schnittpunkt beliebig annähern.

27. Integrieren Sie $\ln(x^n)$ mit n von 1 bis 5. Wie Sie hier sehen können, ist *DERIVE* sehr gut im Berechnen unbestimmter Integrale. Viele Funktionen können auch über Vektoren (wie Factor, Differentiate, Integrate, Sum, Limit, Expand, approXimate and Plot) "verteilt" werden.

```
3:   VECTOR ([x, x^10, 2^x], x, 55, 60)

      ⎡ 55   2.53295 10^17    3.60287 10^16 ⎤
      ⎢ 56   3.03305 10^17    7.20575 10^16 ⎥
4:    ⎢ 57   3.62033 10^17    1.44115 10^17 ⎥
      ⎢ 58   4.30804 10^17    2.88228 10^17 ⎥
      ⎢ 59   5.11116 10^17    5.76460 10^17 ⎥
      ⎣ 60   6.04661 10^17    1.15292 10^18 ⎦
```

Eingaben: A (für Author), vector(ln(x^n),n,5) eingeben, Enter, S (für Simplify), Enter, C (für Calculus), I (für Integrate), Enter, Enter, Enter, S (für Simplify), Enter.

```
1:   VECTOR (LN (x^n), n, 5)

2:   [LN (x), LN (x^2), LN (x^3), LN (x^4), LN (x^5)]

3:   ∫ [LN (x), LN (x^2), LN (x^3), LN (x^4), LN (x^5)] dx

4:   [x LN (x) - x, x LN (x^2) - 2 x, x LN (x^3) - 3 x, x LN (x^4) - 4 x, x LN (x^5) - 5 x]
```

Diese Aufgabensammlung sollte zeigen, wie leistungsstark und flexibel *DERIVE* arbeitet. Den Autor interessiert, wie Sie *DERIVE* einsetzen. Ob Sie ein Schüler der fünften Schulstufe sind, ein Ingenieur, Physiker oder Mathematiklehrer, ein Student - es interessiert mich, in welchem Bereich Sie am liebsten mit *DERIVE* arbeiten. Bitte berichten Sie mir über Ihre Fortschritte.

Mit einem Computerprogramm wie *DERIVE* kann das Rechnen viel Spaß machen, und Sie können zu einigen **Einsichten** gelangen.Wir wollen mit einem Beispiel beginnen:
25*16 = 400.

> **Eingaben: A (für Author), 25*16 eingeben, Enter, S (für Simplify), Enter.**

```
1:    25 16
2:    400
```

In *DERIVE* erscheint die Multiplikation auf dem Bildschirm als eine Leerstelle zwischen den beiden Elementen. Wenn Sie eine Multiplikationsaufgabe in *DERIVE* eingeben, können Sie entweder eine Leerstelle oder * verwenden.

Wie rechnen wir das im Kopf? Also:
eine andere Bezeichung für 25 ist (1/4)*100; daher ist 25*16 = (1/4)*100*16 = 100*(1/4)*16. Jetzt kann 25*16 im Kopf gerechnet werden. (1/4)*16 = 4 und
100*4 = 400, also 25*16 = 400.

Wir wollen dieselbe Technik probieren mit 25*12 = (1/4)*100*12 = 100*(1/4)*12 = 100*3 = 300.

Versuchen Sie 25*32 , 25*24 und 25*44. Erfinden Sie Ihre eigene Technik und erklären Sie sie einem Freund. Man lernt hervorragend, wenn man anderen seine Kenntnisse vermittelt!

Verwenden Sie *DERIVE*, um ihre Berechnungen im Kopf zu überprüfen und Ihre Ergebnisse festzuhalten.

Da Sie jetzt 25*12 im Kopf beherrschen, wie steht es mit 75*12? Wenn 75 = 3*25 ist, dann gilt 75*12 = 3*25*12; also:
3*((1/4)*100)*12 = 3*((1/4)*12)*100 = 3*3*100 = 3*300 = 900.

Auf dieselbe Art und Weise berechnen wir jetzt 75*28:
75*28 = 25*3*28 = 3*(1/4)*100*28 = 3*100*7 = 2100.
Versuchen Sie 75*24, 75*36 und 75*44.

Erfinden Sie eigene Aufgaben und setzen Sie *DERIVE* zur Überprüfung und Aufzeichnung Ihrer Ergebnisse ein.

Wenn 25*12 = 300 ist, dann muß gelten: 25*13 = 25*(12+1) = 25*12+25*1 = 300+25 = 325.

Versuchen Sie 25*17, 25*25, 25*33, 25*41, 25*101 und 25*89.

Wie steht es mit 25*15?

Wenn 25*16 = 400 ist, dann ist 25*15 = 25(16-1) = 400-25 = 375.

Probieren Sie 25*23, 25*31, 25*43, 25*7, 25*47 und 25*87.

Und wie sieht es mit 25*18 aus?

25*16 = 400, also ist 25*18 = 25(16+2) = 400+50 = 450.

Versuchen Sie 25*26, 25*34, 25*46, 25*54, 25*22 und 25*66.

Könnten wir 75*23 im Kopf rechnen?

75*24 = 3*25*24 = 3*600 = 1800. Also ist 75*23 = 75(24-1) = 1800-75 = 1725.

Probieren Sie 75*17, 75*25, 75*31 und 75*37.

Jetzt vermischen wir alles . . . versuchen Sie, ob Sie das schaffen:

25*48, 75*36, 25*13, 75*14, 75*48, 25*49, 75*49.

Üben Sie dies täglich fünf Minuten, und die Sache wird einfach. Vermitteln Sie diese Technik einem Freund und SIE werden Fortschritte machen. Halten Sie nach Mustern dieser Art Ausschau, schreiben Sie uns und teilen Sie uns Ihre Entdeckungen mit.

Neue Kalkulationsmuster ... 9*11   19*21   29*31. Setzen Sie *DERIVE* ein, um diese Aussagen zu speichern, rechnen Sie im Kopf und verwenden Sie die Antworten von *DERIVE*, um Ihre Arbeit zu überprüfen.

Eingaben: A (für Author), 9*11 eingeben, Enter, S (für Simplify), Enter usw für die anderen.

```
3:     9 11
4:     99
```

Wir halten einen Augenblick inne und schauen uns das Muster der Aussagen an: 9*11, 19*21, 29*31   usw. Was käme als nächstes? Und danach? Und dann?

Jetzt sehen wir uns die entsprechenden Produkte an.

Raten Sie das nächste Ergebnis! 39*41 = ?

Nun: 99, 399, 899 scheint darauf hinzuweisen, daß die Resultate alle auf 99 enden. Unsere nächste Aufgabe besteht darin, ein Muster bei der Ziffer (den Ziffern) vor der 99 zu suchen.   0, 3, 8.   Da der Abstand zwischen 0 und 3 die Zahl 3 und der Abstand zwischen 3 und 8 die Zahl 5 ist, ist der nächste Schritt vielleicht 7. 99, 399, 899, (8+7) und dann 99 ergibt die nächste Zahl, 1599. Also ist 39*41 = 1599. Als nächstes 15+9 = 24, also 49*51 = 2499. Fahren Sie fort.

Versuchen Sie 8*12, 18*22 und 28*32. Verwenden Sie *DERIVE*, um diese Aufstellung zu machen, raten Sie das nächste Ergebnis und speichern Sie Ihren Tip.

Eingaben: A (für Author), 38*42= eingeben, geben Sie Ihren Tip hier ein, Enter, S (für Simplify), Enter.

```
5:     38  42  =  1596
6:     1596  =  1596
```

Fahren Sie mit der nächsten Frage in der nächsten Sequenz fort und raten Sie. Wie immer ist hier mehr als ein Muster vorhanden. Je mehr Sie suchen, desto mehr werden Sie finden.

Versuchen Sie $7*13$, $17*23$, $27*33$ und so weiter.
Versuchen Sie $(10-1)(10+1) = 10^2-1^2$, $(20-1)(20+1) = 20^2-1^2$,

$(n-1)(n+1) = n^2-1^2$, $(n-a)(n+a) = n^2-a^2$.

Muster und Rechnen mit Potenzen.

Die Aussage $3^2+4^2 = 5^2$ ist offenbar richtig.

> **Eingaben: A (für Author), 3^2+4^2 = 5^2 eingeben, Enter, S (für Simplify), Enter.**

$$7: \quad 3^2 + 4^2 = 5^2$$
$$8: \quad 25 = 25$$

Untersuchen Sie $4^2+5^2 = 6^2$, $2^2+3^2 = 4^2$, $6^2+8^2 = 10^2$, $29^2+30^2 = 31^2$, $9^2+12^2 = 15^2$ und $n^2+(n+1)^2 = (n+2)^2$.

Welche dieser Aussagen waren WAHR? Fahren Sie fort . . . und gehen Sie noch weiter.

Versuchen Sie $(3n)^2+(4n)^2 = (5n)^2$, $1^3+2^3+3^3 = (1+2+3)^2$, $(1^1+2^3+3^3+4^3) = (1+2+3+4)^2$ und $(n-1)^3+n^3+(n+1)^3 = (3n)^2$.

Brüche und Dezimalzahlen.

In *DERIVE* kann man wunderbar mit Brüchen und Dezimalzahlen experimentieren. Wenn $1/4 = .25$ ist, dann muß $2/4 = .50$ und $3/4 = .75$ sein. Wer braucht einen Computer? Wer kennt $1/8$ als Dezimalzahl? Nicht jeder. Aber jeder kennt $2/8 = .25$, weil $2/8 = 1/4$ ist.

Daher ist $1/8$ die Hälfte von $2/8$ und deshalb ist $1/8 = 1/2$ von $.25$ oder $1/2$ von $.250 = .125$. Jetzt ist $3/8$ einfach - es ist $1/8 + 2/8$ oder $.125 + .250 = .375$. Und so weiter.

Wer kennt 1/12 als Dezimalzahl? Nicht sehr viele. 2/12?
Immer noch ein Problem. 3/12? Kein Problem! 3/12 = 1/4 =
.25 oder .250; daher ist 1/12 gleich .250/3 = .0833 oder (8 und
1/3) Hunderstel, daher 2/12 = .16666 oder (16 und 2/3)
Hunderstel usw.

Versuchen Sie dasselbe mit 1/16, 2/16 usw. Der Trick, den wir
mit den Zwölfern gelernt haben, soll ein früheres Problem lösen
- sagen wir 1/12, und wenn das schwierig erscheint, gehen Sie
weiter zu 2/12, das wir ebenfalls nicht kennen, und dann gehen
Sie zu 3/12, das wir kennen. Bleiben Sie nicht bei dem Bruch
stehen, den Sie nicht kennen - gehen Sie weiter, bis Sie zu
einem Bruch kommen, den Sie kennen und arbeiten Sie dann
rückwärts (im Nachhinein ist man immer schlauer). Sind Sie
jetzt bereit, die 16er zu machen?

Versuchen Sie 1/7 als Dezimalzahl. Wer kennt Sie? 2/7? 3/7?

4/7? . . . das wird nicht besser. Wir benötigen eine neue Vorgehensweise.

**Eingaben: A (für Author), 1/7 eingeben, Enter, S (für Simplify), Enter,
X (für approXimate), Enter.**

```
        1
9:     ───
        7
10:    0.142857
```

Das Ergebnis von 1/7 auf 6 Dezimalstellen ist nicht genau das,
was wir wollen. Vielleicht wären 80 Dezimalstellen besser.

**Eingaben: O (für Options), P (für Precision), Tab, Entf um zu
löschen, 80 eingeben, Enter, Pfeil nach oben, um 1/7 zu markieren, X
(für approXimate), Enter.**

```
11:    0.14285714285714285714285714285714285714285714285714285714285714285714285714285714
```

Jetzt können wir sehen, was passiert. Versuchen Sie 2/7 und 3/7
und betrachten sie die jeweiligen Dezimalzahlen genau. Muster, Muster . . . raten Sie 4/7 und 5/7 usw. Sagen Sie die Zahlen von 1/7 laut . . . hören Sie sich zu . . . eins, vier, zwei, acht,

fünf, sieben, eins, vier, zwei, acht. . . WAHRNEHMEN . . .
WAHRNEHMEN. Sie können es. Es ist wie eine Geheimwelt,
die sich Ihnen eröffnet hat. MACHEN SIE VORHERSAGEN .
. und prüfen Sie nach. Versuchen Sie 1/9, 2/9 . . . 1/11, 2/11 .
. . 1/17, 2/17 . . . 1/37, 2/37 . . Weiter so!

Mehr Brüche und Dezimalzahlen aus einer anderen Sicht.

Bestimmte Brüche produzieren interessante Ergebnisse.
1/3 = .33333333333 . . .

Die drei Punkte am Ende bedeuten, daß sich die Zahlenreihe in
gleicher Weise fortsetzt. *DERIVE* kann bei solchen Mustern
helfen.

> **Eingaben: A (für Author), 1/3 eingeben, Enter, O (für Option), P (für
> Precision), Tab, Entf eingeben, um zu löschen, 12 eingeben, Enter, X
> (für approXimate), Enter.**

```
12:    1
       ─
       3
13:    0.333333333333
```

Sie können kontrollieren, wieviele Stellen erscheinen. In der
Dezimalentwicklung von 1/3 wiederholt sich eine Ziffer periodisch. Suchen Sie andere Brüche mit dieser Eigenschaft.
Können sie Brüche finden, in deren Dezimaldarstellung sich
zwei Ziffern periodisch wiederholen? Drei Ziffern? Fünf Ziffern?

Wir drehen die Frage um. Wenn ich Ihnen eine Dezimalzahl wie
0.37 vorlege, können Sie diese in einen Bruch umwandeln?
Einfach: 37/100. Wie steht es mit .3737? Auch einfach: 3737/
10000. Gut, wie sieht es mit 0.373737... aus? (Das heißt, daß
sich 0.37 unendlich fortsetzt). Es ist schwer zu glauben, daß es
einen einfachen Bruch gibt, der einer solchen Dezimalzahl
entspricht. Gehen Sie auf die Jagd. Setzen Sie *DERIVE* bei
Ihrer Suche ein. Suchen Sie lange und Sie werden viel lernen.

Nachdem Sie viel Spaß beim Jagen hatten (mit oder ohne Erfolg), ist hier eine wunderbare Analyse, die bei einem Gespräch
in der Urbana High School in Urbana, Illinois (USA) entstand.

Ich bereitete zukünftige Mathematiklehrer der Universität von Illinois vor, und wir arbeiteten jeden Tag an der örtlichen High School. Manchmal arbeiteten wir mit Schülern und manchmal alleine. Ein Universitätsstudent sagte, er hätte vergessen, wie man vorgeht, um sich periodisch wiederholende Dezimalzahlen in einen Bruch umzuwandeln. Ich sagte: "Laßt uns einen neuen Weg erfinden". (Vielleicht hatte ich die Standardvorgehensweise ebenfalls vergessen).

Wir haben uns 0.3737... angeschaut und fragten, was eine annähernde Antwort wäre. Wir kamen sofort auf 37/100. Wir fragten "ist das zu groß oder zu klein?" Nun ist 37/100 = 0.37000, daher ist es kleiner als 0.3737...

OK, wie machen wir Brüche größer? Es gibt zwei Möglichkeiten: Wir vergrößern die obere Zahl (in diesem Fall 38/100 - was zu groß ist) oder wir verkleinern die untere Zahl (37/99). Wir waren beide überrascht, daß 37/99 korrekt war.

> **Eingaben: A (für Author), 37/99 eingeben, Enter,**
> **X (für approXimate), Enter.**

14: $\dfrac{37}{99}$

15: 0.373737373737

Ungeheuer! Funktioniert das immer?

Probieren Sie die folgenden Dezimalzahlen aus, die sich unendlich wiederholen. Versuchen Sie, entsprechende Brüche zu finden.

Versuchen Sie es mit 0.2424...oder 0.1313... oder 0.9797... oder 0.0707... oder 1.6262... oder 0.379379... oder 0.0264264... oder 13.0043924392... Sie sind zu schaffen. Wir waren begeistert!

Das ist der wahre Grund, Mathematik zu studieren: Die Begeisterung, die man empfindet, wenn eine Idee auftaucht, die einem neu ist. Man weiß nie, wann das passieren wird. Lassen Sie uns sehen: 1.6262... eine Approximation wäre 1 + 62/100 = 1.62, also sollte es 1 + 62/99 sein.

Wir wollen 0.0264264... ausprobieren. Beginnen Sie mit 264/
.1000 = 0.264. Also ist 264/999 = 0.264264... Wenn ich jetzt
durch 10 teile, dann könnte es 264/9990 sein. Erfinden Sie
neue und bessere Wege. Schreiben Sie uns, wenn Sie einen Weg
finden. Es ist phantastisch, wenn Sie Ihre eigenen Entdeckungen machen.

Unsere Rechengenauigkeit ist auf zwölf Stellen eingestellt. Es
ist gut, sich anzugewöhnen, die Rechengenauigkeit so bald wie
möglich auf sechs Stellen zurückzustellen. Ansonsten zeichnen
Sie vielleicht eine Funktion und *DERIVE* benötigt weitaus
mehr Zeit als notwendig, da die Rechengenauigkeit zu hoch
eingestellt ist.

Graphen sind ein wichtiger Teil mathematischer Untersuchungen, und hier kann *DERIVE* helfen. Zuerst zeigen wir Ihnen, wie man den Bildschirm optimal einstellt.

Eingaben: W (für Window), S (für Split), V (für Vertical), Enter, F1 drücken (über der Tastatur oder in der linken Ecke), W (wieder für Window), D (für Designate), 2 (für 2D-Plot) eingeben, O (für Options), D (für Display), G (für Graphics), H (für High), wählen Sie Ihren Monitor aus, Enter.

Diese Einstellung mit einem Algebrafenster auf der linken und einem Graphikfenster auf der rechten Seite verwenden wir zu 90% der Zeit. *DERIVE* kann viele getrennte Fenster unterstützen; das sollten Sie aber erst nutzen, wenn Sie mehr Erfahrung haben.

```
COMMAND: Algebra Center Delete Help Move Options Plot Quit Scale Ticks Window Zoom
Enter option
Cross x:1          y:1          Scale x:1          y:1          Derive 2D-plot
```

Eingaben: A (für Algebra), A (für Author), 2x-1 eingeben, Enter, P (für Plot), P (nochmals für Plot).

Hier sehen Sie den Graph von y = 2x-1 or f(x) = 2x-1, je nachdem, welche Schreibweise Sie bevorzugen. Sie sehen, daß der Graph die vertikale oder y-Achse im Punkt (0, -1) schneidet und daß die Markierung auf dem Graph einen Gitter-

```
1:  2·x - 1
COMMAND: Algebra Center Delete Help Move Options Plot Quit Scale Ticks Window Zoom
Enter option
Cross x:1          y:1          Scale x:1          y:1          Derive 2D-plot
```

punkt nach rechts und zwei Gitterpunkte nach links ist. Versuchen Sie, 3x-1 und 4x-1 und 0,5x-1 zu zeichnen, um zu sehen, wie das Muster weitergeht und um sich daran zu gewöhnen, wie man mit *DERIVE* zeichnet.

**Eingaben: A (für Algebra), A (für Author), 3x-1, Enter,
P (für Plot), P (noch einmal für Plot).**

**Eingaben: A (für Algebra), A (für Author), 4x-1, Enter,
P (für Plot), P (für Plot).**

**Eingaben: A (für Algebra), A (für Author), 0.5x-1, Enter,
P (für Plot), P (für Plot).**

Eingaben: A (für Algebra), A (für Author), x^2-1 eingeben, Enter, P (für Plot), P (für Plot).

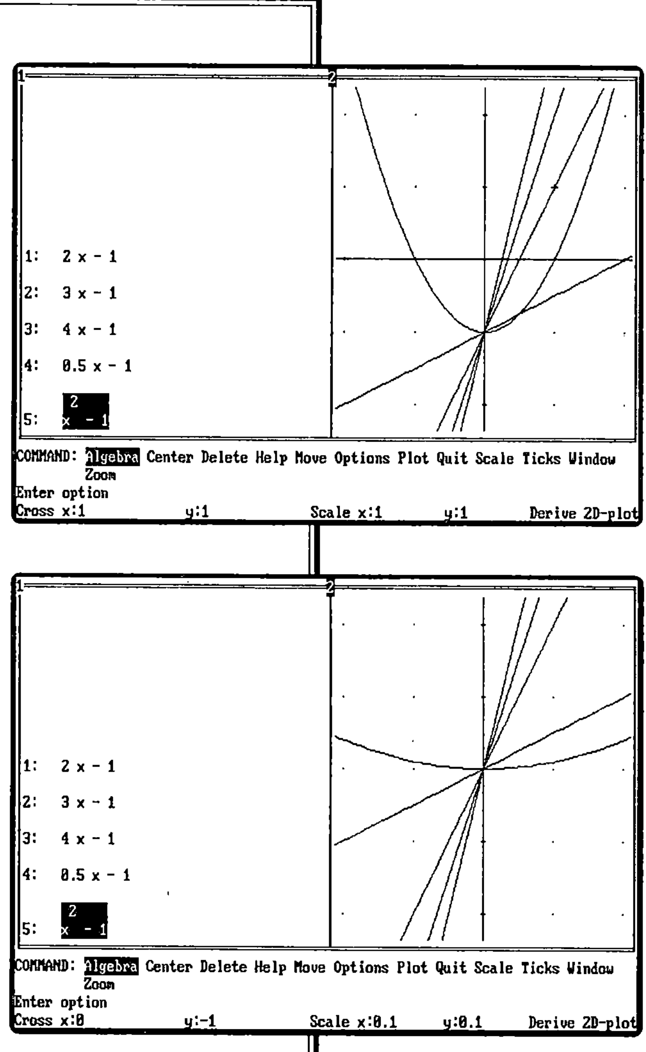

Eine große Stärke von *DERIVE* besteht darin, daß man Graphen einfach und schnell manipulieren kann. Mit der F9 Taste können wir unsere Graphen vergrößern und mit der F10-Taste können wir verkleinern. Es ist, als ob man in einem elektronischen Hubschrauber über ein Spielfeld mit Graphen fliegt. Wir können F9 oder F10 mehrmals drücken, ohne warten zu müssen, bis sich das neue Bild aufbaut. Jedesmal, wenn wir dreimal F9 drücken, vergrößern wir um den Faktor 10. Wir können dasselbe entgegengesetzt tun, indem wir F10 dreimal drücken. Angenommen, der unter Ihrem Graph angegebene Skalierungsfaktor ist 1. Durch dreimaliges Drücken von F9 vergrößern Sie um den Faktor 10. Probieren Sie das nun aus.

Eingaben: F9 drücken (um heranzugehen), F9, jetzt F10 drücken (um das Bild zu verkleinern).

Versuchen Sie, die F9 und F10 Taste langsam hintereinander zu drücken, damit das Bild erneut gezeichnet werden kann. Drücken Sie die Tasten dann schnell zwei- bis fünfmal und sehen Sie, ob das passiert, was Sie erwartet haben.

Gelegentlich müssen Sie das graphische Spielfeld räumen. Während Sie sich im Graphikfenster befinden (jeder Teil des Bildschirms wird als Fenster bezeichnet) können Sie entscheiden, ob Sie alle Graphen löschen, nur Ihren ersten Graph, nur Ihren letzten Graph oder alle außer Ihrem letzten Graph (meine Lieblingseinstellung). Ich versuche oft, drei oder mehr Versionen eines Graphen zu erstellen, bis ich habe, was ich will, und dann lösche ich alle Graphen bis auf den letzten.

Um in einem Fenster arbeiten zu können, muß *DERIVE* in diesem Fenster aktiv sein, was an der linken oberen Ecke eines jeden Fensters zu erkennen ist. Die markierte Zahl zeigt das aktive Fenster an. (Auf den meisten Computern erscheint die Zahl für das **aktive** Fenster auf einem schwarzen Hintergrund. Bei manchen Computern ist die Zahl unterlegt oder heller und hat keinen schwarzen Hintergrund.) Sie können von Fenster zu Fenster gehen, indem Sie F1 drücken. Sie können rückwärts gehen, indem Sie die Strg-Taste festhalten und F1 drücken. Probieren Sie das nun aus.
Jetzt versuchen Sie, neue Graphen zu zeichnen. Zuerst schaffen wir uns dafür eine freie Fläche.

Eingaben: F1 drücken, bis Sie das Graphikfenster aktiviert haben, D (für Delete), A (für All), A (für Algebra), A (für Author), 2x+3 eingeben, Enter, P (für Plot), P (für Plot).

Eingaben: A (für Algebra), A (für Author), 2x+2 eingeben, Enter, P (für Plot), P (für Plot).

```
6:    2 x + 3
7:    2 x + 2
```

Wenn so keine Graphen erzeugt werden, die Sie sehen können, dann sind möglicherweise Graphen außerhalb des momentanen Bereichs des Bildschirms erzeugt worden. Drücken Sie F10, bis die Maßstabangabe auf dem Bildschirm auf 1 steht. Dann sollten die Graphen sichtbar werden. Ich muß sagen, daß ich oft auf den Bildschirm gestarrt und mich gewundert habe, was mit meinen Graphen passiert ist. Ein Blick auf den Maßstab kann helfen. F9 läßt die Zahlen kleiner werden und bringt uns näher heran, F10 vergrößert den Maßstab und geht weiter weg.

Haben Sie festgestellt, daß die Graphen parallel waren, und daß 2x+3 durch den Punkt (0,3) und 2x+2 durch den Punkt (0, 2) verlief? Sie können jeden Punkt auf dem Graphen lokalisieren, indem Sie das Graphik-Kreuz (+) auf dem Bildschirm mit Hilfe der Pfeiltasten bewegen (wenn Sie sich im Graphikfenster befinden).

Eingaben: Schauen Sie nach, ob die Zahl 2 in der oberen linken Ecke des Graphikfensters unterlegt ist - wenn ja, fahren Sie fort. Wenn nicht, drücken Sie F1; drücken Sie Pfeil nach oben und Pfeil nach unten, nach rechts und links und beobachten Sie, wie sich das Graphik-Kreuz (+) im Graphikfenster bewegt. Wenn es schneller gehen soll, drücken Sie Bild-auf und Bild-ab für größere Sprünge; oder halten sie für größere Sprünge die Strg-Taste gedrückt und drücken Sie Pfeil nach rechts oder links.

Nachdem Sie gelernt haben, wie Sie das Bild bewegen können, schauen Sie auf den linken unteren Bereich ihres Bildschirms. Dort sehen Sie:

Cross x:1   y:1

Ihre Zahlen unterscheiden sich wahrscheinlich von meinen
Zahlen. Diese Zahlen sind die x- und y-Werte (Koordinaten) der
momentanen Position des Graphik-Kreuzes (+) auf Ihrem
Bildschirm. Dies ist ein außergewöhnliches Instrument für uns.
Für jeden Punkt auf jedem Graphen, den Sie mit dem Auge
ausmachen können, können Sie die x- und y-Koordinaten dieses
Punktes leicht feststellen (Ganz einfach - schauen Sie auf den
Graphen und gehen Sie mit dem Graphik-Kreuz (+) auf diesen
Punkt). Super! Für dieses Werkzeug gibt es Hunderte von
Anwendungsmöglichkeiten.

Zeichnen Sie (x-2)(x-1)(x+1) = y und stellen Sie fest, wo dieser
Graph die horizontale oder x-Achse schneidet.

**Eingaben: Mit F1 das Graphikfenster
aktivieren,**
**D (für Delete), A (für All), A (für Algebra),
A (für Author), (x-2)(x-1)(x+1) eingeben,
Enter, P (für Plot), P (für Plot).**

Wenn Ihr Graph erscheint, drücken
Sie F9 oder F10 bis der Maßstab auf
1 steht. Dann verwenden Sie die
Pfeiltasten, um das Graphik-Kreuz
(+) an die Stelle zu bewegen, wo der
Graph die x-Achse schneidet.

Wenn alles klappt, sehen Sie vielleicht eine Verbindung zwischen der
x-Zahl des Schnittpunktes und den
Zahlen des Ausdrucks.

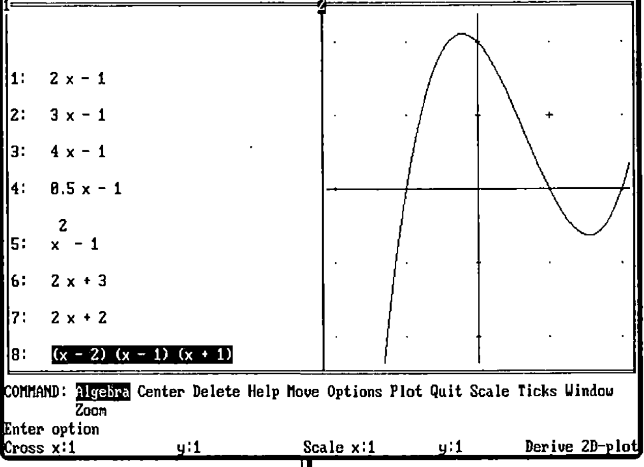

Gelegenheiten:

Finden Sie einen Ausdruck, dessen Graph die horizontale oder x-Achse bei 2 und -2 schneidet. Dann überprüfen Sie Ihr Ergebnis mit der Zeichnung.

Zeichnen Sie x^2-4x+3. Stellen Sie fest, wo dieser Graph die x-Achse schneidet.

Zeichnen Sie $-x^2+3$. Stellen Sie die Schnittpunkte mit der x- und der y-Achse fest.

Stehen diese Zahlen im Zusammenhang mit der Gleichung? Haben Sie eine Idee? Können Sie eigene Experimente entwikkeln? *DERIVE* wartet darauf, Sie auf Ihrem Weg des Lernens zu begleiten.

Zeichnen Sie $x^3+5x^2-33x+27$ und stellen Sie fest, wo der Graph die x-Achse schneidet.

Eingaben: A (für Author), x^3+5x^2-33x+27 eingeben, Enter, P (für Plot), D (für Delete), A (für All), S (für Scale), Entf um zu löschen, 2 eingeben, Tab, Entf um zu löschen, 2 eingeben, Enter, P (für Plot), das Zeichnen abwarten, A (für Algebra), F (für Factor) Enter, R (für Rational).

Dieser Graph ist ein überraschendes Ergebnis. Ein Polynom dritter Ordnung kann die x-Achse dreimal schneiden oder sie einmal schneiden und einmal als Tangente haben oder sie nur einmal schneiden. Jetzt verkleinern wir, indem wir den Skalierungsfaktor verändern. Vielleicht kann damit das Geheimnis gelüftet werden.

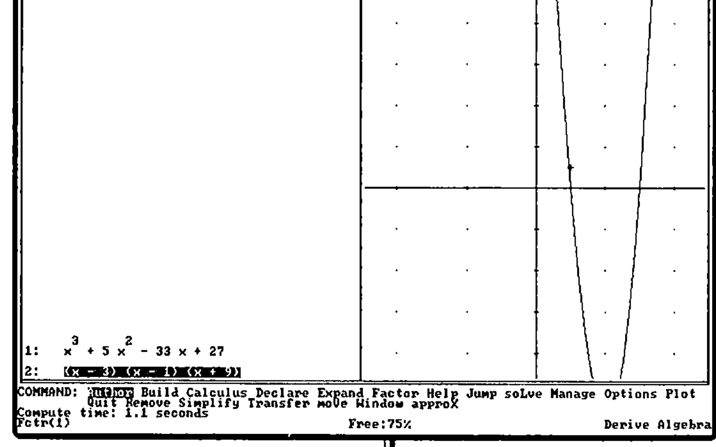

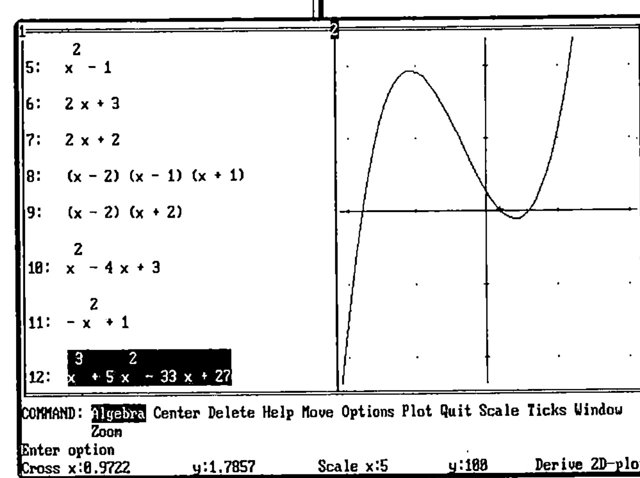

Eingaben: F1 (um zum nächsten Fenster zu wechseln), S (für Scale), Entf um zu löschen, 5 eingeben, Tab, Entf um zu löschen, 100 eingeben, Enter.

Durch Ändern des Skalierungsfaktors sehen wir das wirkliche Bild dieser Funktion.

Versuchen Sie, einen Ausdruck zu erstellen, dessen Graph die x-Achse einige Male kurz hintereinander und dann an einem weiter entfernten Punkt schneidet.

Wählen Sie einen Punkt wie (2,3). Bewegen Sie das Graphik-Kreuz (+) auf diese Stelle. Erfinden Sie einen Ausdruck, dessen Graph durch diesen Zielpunkt verläuft. Probieren Sie viele Ausdrücke aus und lassen Sie sich nicht entmutigen, wenn Ihnen einiges verlorengeht. Versuchen Sie es weiter - mit einiger Übung werden Sie darin sehr gut werden. Verschieben Sie den Zielpunkt. Spielen Sie dieses Spiel einen Monat lang jeden Tag.

Versuchen Sie, 10 Graphen zu erhalten, die durch einen einzigen Punkt gehen.

Versuchen Sie, einen Graph zu erstellen, der durch zwei gewählte Punkte verläuft.

Können Sie mehr als einen Graph erstellen, der durch zwei gewählte Punkte geht?

Die Befehle **Remove** und **Delete** sind wichtig, um *DERIVE* effizient zu nutzen. Wenn Sie sich in einem Algebrafenster befinden, können Sie mit **Remove** einen oder mehrere Ausdrükke löschen. Wenn Sie einen einzelnen Ausdruck löschen möchten:

Eingaben: Gehen Sie mit dem Pfeil auf den Ausdruck, den Sie löschen möchten (um ihn zu markieren), R eingeben (für Remove), Enter.

Wenn Sie aufeinanderfolgende Ausdrücke löschen möchten:

Eingaben: Mit der Markierung an den Anfang der Reihe von Ausdrücken gehen, die Sie löschen wollen (um diesen Ausdruck zu markieren), R eingeben (für Remove), Tab, gehen Sie mit dem Pfeil bis zum Ende der Reihe, die Sie löschen wollen, Enter.

Gehen Sie hierbei vorsichtig vor. Machen Sie langsam, damit Sie nicht zuviel Schaden anrichten.

Ich habe einen Ausdruck aus einem Algebrafenster gelöscht und dessen Graph später in einem Graphikfenster gefunden. Wird ein Ausdruck aus einem Algebrafenster gelöscht, so wird der zugehörige Graph im Graphikfenster nicht automatisch gelöscht. Graphen werden nur gelöscht, wenn Sie das Graphikfenster aktivieren und den Befehl **Delete** zusammen mit **All**, **Butlast**, **Last** oder **First** verwenden.

DERIVE kann viele unterschiedliche Graphen darstellen:

Eingaben: F1 drücken (zur Aktivierung des Graphikfensters), W (für Window), C (für Close), Enter, A (für Author), sinx eingeben, Enter, P (für Plot), S (für Scale), Entf drücken um zu löschen, Alt-Taste gedrückt halten und P eingeben, /2 eingeben, Enter, P (für Plot).

Alle Arten von Graphen sind möglich. Sinus wird als sin, Cosinus als cos, Tangente als tan, Cotangente als cot, Sekante als sec und Cosekante als csc eingegeben. Wenn Sie den Sinus von 2x haben wollen, so

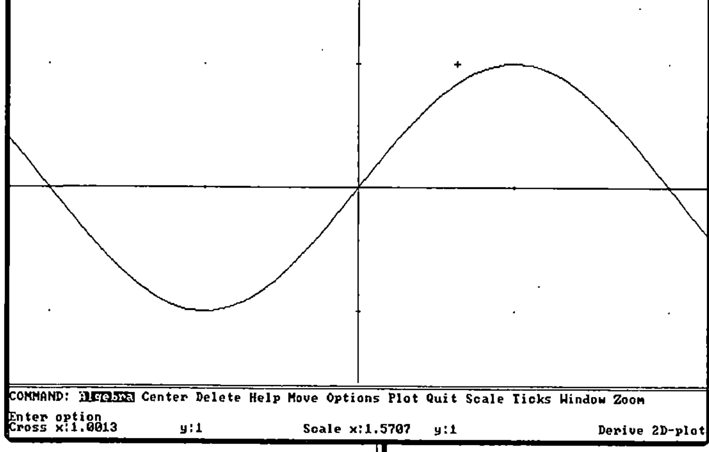

müssen Sie sin(2x) eingeben. Probieren Sie sec (2.4x-p) oder 2cos(3x-3.14)+1. Bei 2x-1 gehen Sie genauso vor.

Versuchen Sie sqrt(9-x^2) und -sqrt(9-x^2). Es gibt viele, viele Möglichkeiten. Probieren Sie aus . . .

Tips:
– Drücken Sie F9 oder F10, um zu sehen, ob Ihr Graph versteckt ist, weil er zu nah oder zu weit entfernt ist.
– Verwenden Sie **Delete**, um alles Unnötige zu entfernen.
– Im Algebrafenster können Sie frühere Ausdrücke mit Hilfe der Pfeiltasten und/oder Bild nach oben oder Bild nach unten und/oder Pos1 oder Ende wiederaufrufen.
– Mit Transfer, Save und Load können Sie Arbeiten fortsetzen, die Sie zu einem früheren Zeitpunkt begonnen haben.

Je mehr Sie machen, desto mehr werden Sie lernen. Zeigen Sie anderen Ihre Ideen und es werden neue Ideen entstehen. Wenn eine Zeichnung manchmal zu lange dauert und auf dem Bildschirm nichts passiert, geben Sie **Delete All** ein und fangen Sie von vorne an - ein Blick auf den Maßstab weist vielleicht darauf hin, daß man F9 or F10 drücken muß.

Im folgenden werden viele ganz gezielte Vorschläge gemacht. Das Ziel ist, Sie zum Handeln anzuregen. Jede dieser Sequenzen ist ein Abenteuer für sich. Löschen Sie alles, bevor Sie eine neue Sequenz beginnen. Da das Algebrafenster Ihre Quelle für den Graph ist, können Sie immer nach oben gehen und einen früheren Ausdruck erneut zeichnen.

Eingaben: A (für Algebra), A (für Author), x^2 eingeben, Enter, W (für Window), S (für Split), V (für Vertical), Enter, F1 (um zum nächsten Fenster zu wechseln), W (für Window), D (für Designate), 2 (für 2D-plot), y (für yes), P (für Plot).

Wir haben einen monochromen Graphikmonitor und den HERCULES.COM-Treiber, ausgestattet mit *DERIVE*, benutzt, um diese Bilder zu erzeugen. Graphen auf einem CGA-Monitor können etwas anders aussehen.

Benutzen Sie den Befehl Scale, um den Graphen richtig einzurichten, oder drücken Sie die Taste F9 oder F10, um den Graphen zu vergrößern oder zu verkleinern.

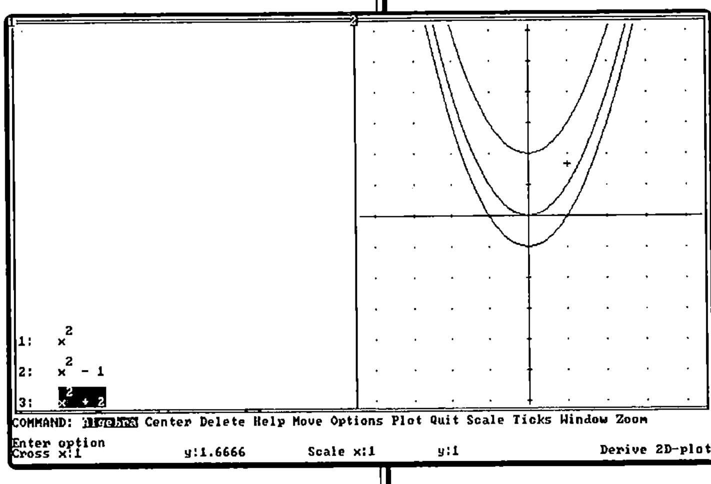

Eingaben: A, A, x^2-1 eingeben, Enter, P, P.

Eingaben: A, A, x^2+2 eingeben, Enter, P, P.

Versuchen Sie, den nächsten Graph vorauszusagen!

Können Sie sagen, wie der Graph von x^2-3 aussieht? x^2+5?
Drücken Sie F10 zum Verkleinern, damit Sie den Graph besser
sehen können.

Sie könnten die y-Skalierung verändern, um denselben Graph
von einem anderen Standpunkt aus zu sehen.

Eingaben: S (für Scale), Tab, Entf um zu löschen, 10 eingeben, Enter.

Ändern Sie jetzt die x-Skalierung und sehen Sie, wie sich der
Graph verändert. Experimentieren Sie mit unterschiedlichen
Maßstäben, bis Sie mit dieser Funktion bequem umgehen kön-
nen.

**Eingaben: A (für Algebra), A (für
Author), sinx eingeben, Enter, P
(für Plot), P (für Plot).**

**Eingaben: A, A, 2sinx eingeben,
Enter, P, P.**

**Eingaben: A, A, 3sinx eingeben,
Enter, P, P.**

Haben Sie das? Wie würde
4sinx aussehen? Und 1.2sinx?
-2sinx? Sehen Sie, was geschieht?

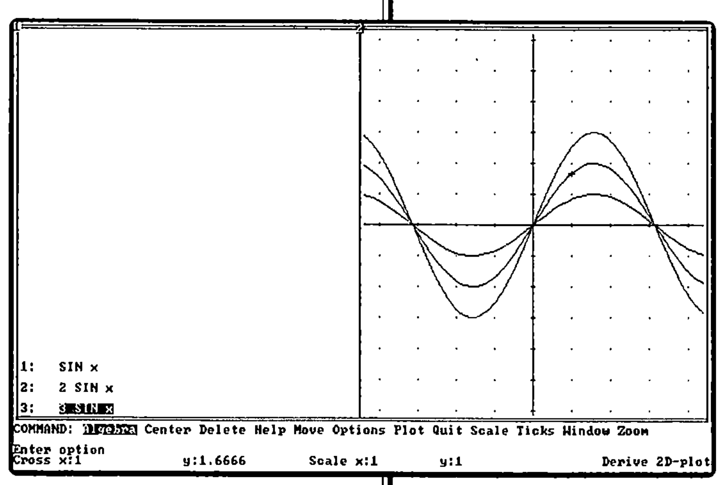

**Eingaben: D (für Delete), A (für All), A (für Algebra),
A (für Author), x eingeben, Enter, P(für Plot), P (für Plot).**

Eingaben: A, A, x^2 eingeben, Enter, P, P.

Eingaben: A, A, x^3 eingeben, Enter, P, P.

Wie würde x^4 aussehen? Oder x^7? . . . oder $x^{(2.5)}$?

In diesem Kapitel sind wir so vorgegangen, daß wir uns eine Funktion herausgegriffen und sie dann gezeichnet haben. *DERIVE* verfügt über die Funktion **Fit**, mit der wir Punkte auswählen und dann eine dazu passende Funktion finden können.

Eingaben: A (für Algebra), A (für Author), [2,3] eingeben, Enter, P (für Plot), P (für Plot), A (für Algebra), A (für Author), [-1,1] eingeben, Enter, P (für Plot), P (für Plot).

Wir werden nun eine lineare Funktion suchen, die durch diese beiden Punkte verläuft.

Eingaben: A (für Algebra), A (für Author), 'Fit ([x, ax+b], [[2,3],[-1,1]]) eingeben, Enter, S (für Simplify), Enter.

So erhalten wir die lineare Funktion, die durch die beiden gezeichneten Punkte gehen sollte. Zeichnen Sie diese und sehen Sie, was geschieht.

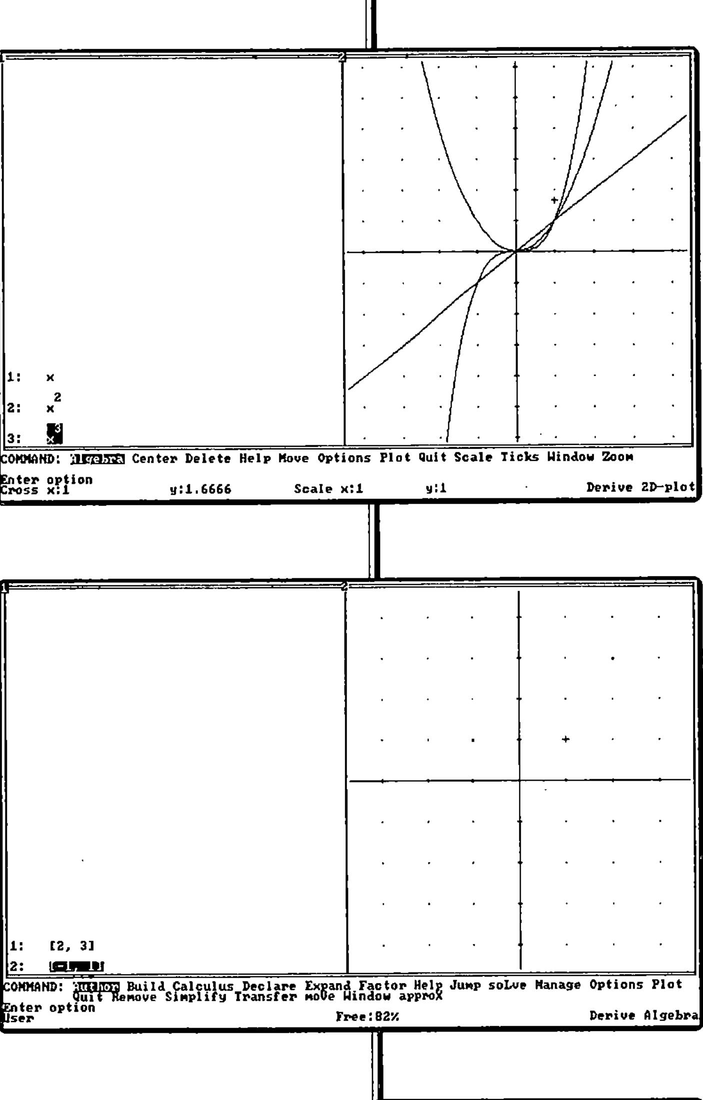

Was passiert, wenn wir sin(x) und 1/sin(x) zeichnen?

Eingaben: S (für Scale), 1 eingeben, Tab, 1 eingeben, Enter, A (für Algebra), A (für Author), sinx eingeben, Enter, P (für Plot), P (für Plot).

Eingaben: A (für Algebra), A (für Author), 1/sinx eingeben, Enter, P, P.

Beachten Sie, daß *DERIVE* ganz richtig keine Assymptoten eingezeichnet hat. Es gibt teure Software (wir wollen keine Namen nennen), die unrichtigerweise die Assymptoten zeichnet.

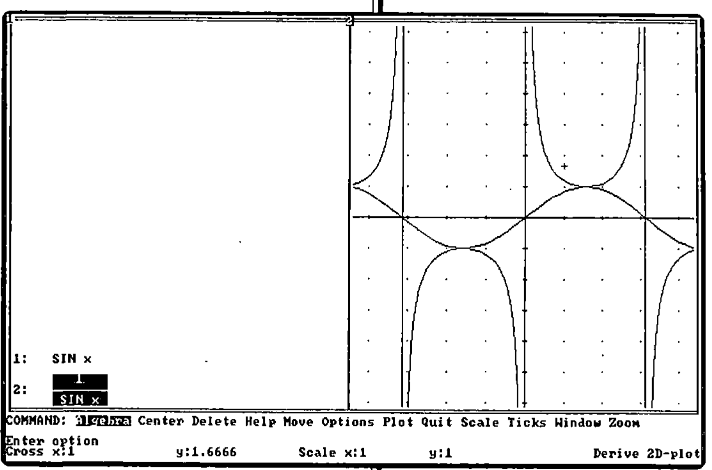

Versuchen Sie dieselbe Idee mit cos(x) und tan(x) und cot(x) und sec(x) und csc(x). Andere Möglichkeiten sind: $1/(x-1)$, $1/(x-1)^2$, $1/((x-1)(x+1))$, $1/(x-1)^3$, $1/((x-1)^3(x+1)^3)$.

Mit *DERIVE* können wir Punkte zeichnen und wählen, ob diese Punkte miteinander verbunden werden sollen oder nicht. Wir können dann versuchen, die berühmte Schneeflockenkurve oder Polygone mit oder ohne Diagonalen oder zufällig erzeugte Polygone zu zeichnen. Auch Probleme mit Zufallswegen können behandelt werden.

Eingaben: A (für Algebra), A (für Author), x^2 eingeben, Enter, P (für Plot), P (für Plot).

Eingaben: A, A,(x-1)^2 eingeben, Enter, P, P.

Eingaben: A, A, (x-2)^2 eingeben, Enter, P, P.

Wenn Sie Lust haben, probieren Sie $(x-3)^2$, $(x+3)^2$ oder $(x-1.5)^2$.

Um alle vorhergehenden Graphen zu löschen, drücken Sie D (für Delete), A (für All).

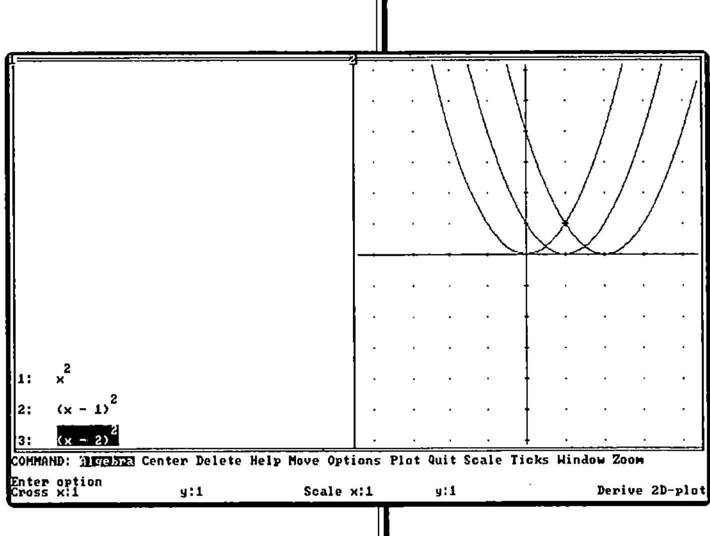

Eingaben: A (für Algebra), A (für Author), sinx eingeben, Enter, P (für Plot), P (für Plot).

Eingaben: A, A, sinx-sin(3x)/3 eingeben, Enter, P, P.

Eingaben: A, A,sinx-sin(3x)/3+sin(5x)/5 eingeben, Enter, P, P.

Nachdem Sie sich diese Graphen angesehen haben, wollen Sie vielleicht nur den letzten Graphen sehen.

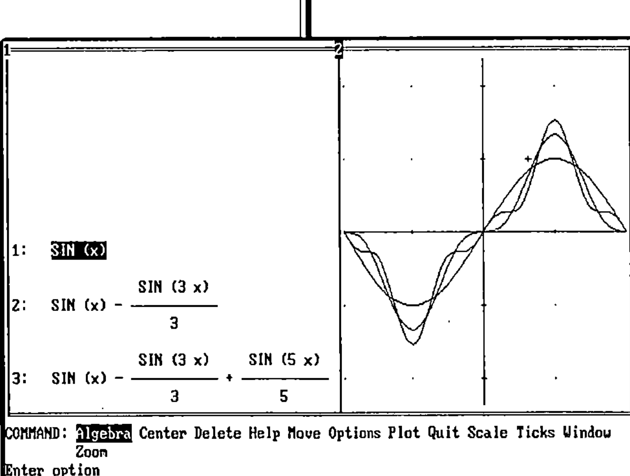

Eingaben: D (für Delete), B (für Butlast).

Nachdem Sie diesen Graphen angesehen haben, drücken Sie F10, um einen besseren Bildausschnitt zu erhalten.

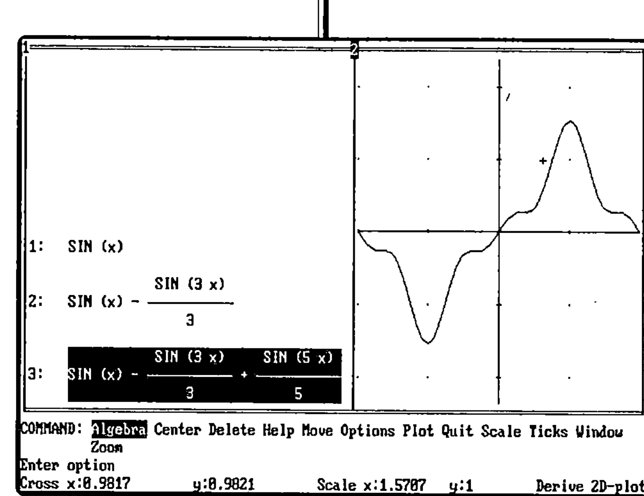

Eingaben: F10 (um zu verkleinern).

Wenn Sie das mit diesen Ausdrücken begonnene Muster fortsetzen, stellen Sie sich vor, wie die nachfolgenden Graphen aussehen.

Beachten Sie: Auf Seite 39 hatten wir eine Funktion gefunden, auf deren Graph die beiden von uns gewählten Punkte lagen. Bearbeiten Sie dasselbe Problem, aber fügen Sie einen dritten Punkt (-2,2)

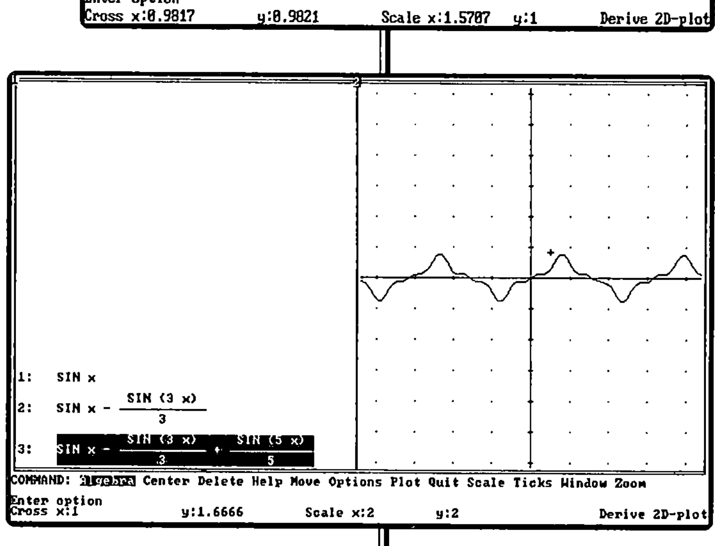

hinzu und sehen Sie, welche Funktion *DERIVE* vorschlägt und zeichnen Sie diese dann, um zu sehen, wie sich ihr Graph zu den Punkten verhält. Versuchen Sie wieder **Fit**, aber verwenden Sie ax^2+bx+c als Modellfunktion und zeichnen Sie die sich daraus ergebende Funktion.

Die Gleichung (x-2)(x-3) = 0 hat zwei Wurzeln.

Eingaben: A (für Algebra), A (für Author), (x-2)(x-3)=0 eingeben, Enter, L (für soLve), Enter.

Die Funktion soLve gibt die Wurzeln der Gleichung an. Der Graph von y=(x-2)(x-3) zeigt eine wichtige Verbindung zwischen der Gleichung und ihren Wurzeln.

Eingaben: Pfeil nach oben (um den Ausdruck zu markieren), Pfeil nach links (um nur den Ausdruck (x-2)(x-3) zu markieren), P (für Plot), D (für Delete), A (für All), P (für Plot), Strg-Taste festhalten, dreimal Pfeil nach rechts, C (für Center).

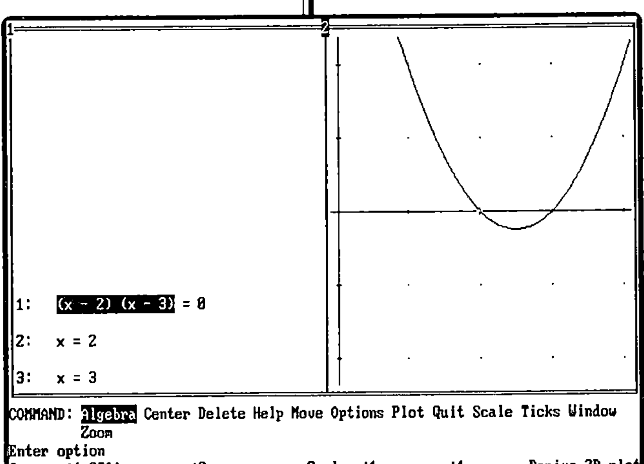

Jetzt können wir sehen, wo dieser Graph die horizontale oder x-Achse schneidet. Die x-Werte auf diesen beiden Punkten sind die Wurzeln der Gleichung.

Versuchen Sie dasselbe mit der Gleichung (x-1)(x+1) = 0 und dem Graphen von y = (x-1)(x+1). Wie unterscheidet sich dieser Graph von dem Graph des vorhergehenden Ausdrucks? Probieren Sie (x-3)(x+3) = 0 und (x-1) (x-2) (x-3) = 0.

Versuchen Sie dasselbe für cosx. Machen Sie eine Voraussage, und machen Sie sich keine Sorgen, wenn Sie falsch liegen. Haben Sie den Mut, genügend eigene falsche Ideen zu produzieren. Vergessen Sie nicht, daß sogar Kepler sich oft irrte. Dasselbe galt für Euler und all die anderen Größen in der Geschichte der Mathematik. Wenn es für sie in Ordung war, zu experimentieren und Fehler zu machen und aus ihren Fehlern zu lernen, so ist das auch für uns in Ordnung.

Parameterdarstellungen sind mein absolutes Lieblingsthema in *DERIVE*. Die Möglichkeiten finde ich faszinierend. Ich bin sicher, daß das, was Sie hier sehen, nur ein winziger Ausschnitt der Möglichkeiten ist. Machen Sie sich bereit, um viel zu experimentieren und dann zu berichten, was Sie herausgefunden haben. Zuerst bereiten wir den Bildschirm vor:

Eingaben: F1 drücken (um zum Graphikfenster zu kommen), D (für Delete), A (für All), Enter, T (für Ticks), 4 eingeben, Tab, 9 eingeben, Enter, A (für Algebra), R (für Remove), Home-Taste drücken, Enter, A (für Author), [cosx, sinx] eingeben, Enter, P (für Plot), P (für Plot), Enter.

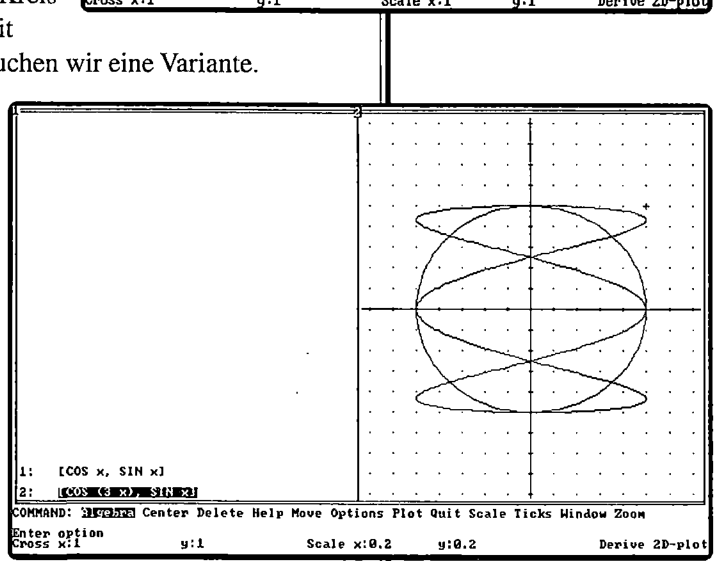

Mit dem Maßstab 1 habe ich ein so winziges Bild, daß sich die Mühe nicht gelohnt hat. Sie können das korrigieren, indem Sie einige Male F9 drücken - versuchen Sie. Oh! Ein phantastischer Kreis (wenn es auf Ihrem Bildschirm nicht wie ein Kreis aussieht, experimentieren Sie mit Tricks, bis es klappt). Jetzt versuchen wir eine Variante.

Eingaben: A (für Algebra), A (für Author), [cos(3x),sinx] eingeben, Enter, P (für Plot), P (für Plot), Enter.

Jetzt sind Sie auf dem Weg! Es wird spannend. Versuchen Sie [cos(3x), sin(5x)], oder [cos(x), sin(3x)], oder [cos(2x), sin(3x)]. Hier folgt eine andere Richtung:

Eingaben: D (für Delete), A (für All), A (für Algebra),
A (für Author), [x,x^2] eingeben,
Enter, P (für Plot), P (für Plot),
Enter.
Eingaben: A (für Algebra), A (für Author), [x,(x-1)^2] eingeben,
Enter, P (für Plot), F10 (zum Verkleinern), P (für Plot), Enter.

Alle gewöhnlichen Graphen können Sie mit einer Parameterdarstellung zusammen mit neuen Graphen zeichnen.

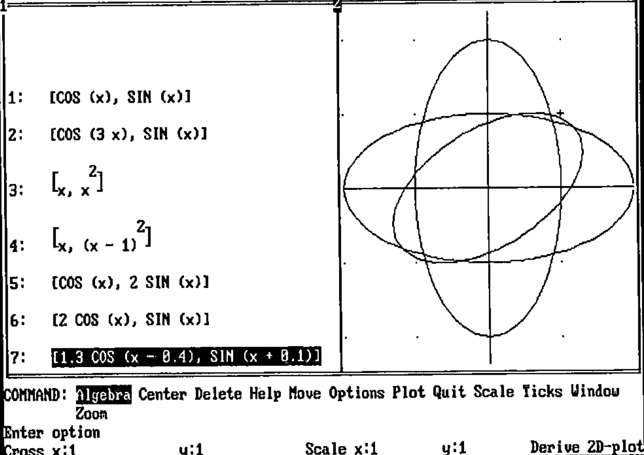

Eingaben: D (für Delete), A (für All), A (für Algebra), A (für Author), [cosx, 2sinx] eingeben, Enter, P (für Plot), P (für Plot), Enter.

Eingaben: A (für Algebra), A (für Author), [2cosx, sinx] eingeben, Enter, P, P, Enter.

Eingaben: A, A, [1.3cos(x-0.4),sin(x+0.1)] eingeben, Enter, P, P, Enter.

Die folgende Anleitung wird zu einer sogenannten Zykloide führen. Denken Sie an eine Autofahrt bei Nacht. In einiger Entfernung überquert ein Radfahrer die Straße. Die am Hinterrad des Fahrrades angebrachten Reflektoren leuchten im Schein des Autolichts. Der von einem Reflektor scheinbar beschriebene Weg ist eine Zykloide. Hier gibt es viele Experimentiermöglichkeiten.

Eingaben: D (für Delete), A (für All), A (für Algebra),
A (für Author), [x+cosx,-sinx] eingeben,
Enter, P (für Plot), S (für Scale), Entf zum
Löschen drücken, 5 eingeben, Tab, Entf
um zu löschen, 1 eingeben, Enter, P (für
Plot), Entf gedrückt halten bis gelöscht, -9
eingeben, Tab, Entf um zu löschen,
9 eingeben, Enter.

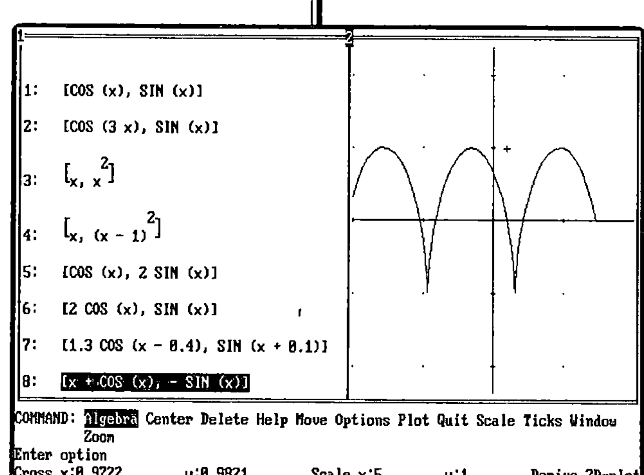

Der von Ihnen gewählte Maßstab 1
kann jederzeit verändert werden,
wenn Sie sich in einem Graphikfenster befinden. Um ein anderes Bild
zu erhalten, kann der Maßstab für x
und y unterschiedlich eingestellt
werden. Gehen Sie mit Tab von einer
Auswahlmöglichkeit zur anderen, sooft Sie wollen, und drücken
Sie Enter, um zu signalisieren, daß Sie fertig sind.

Dieser nächste Graph zeigt, daß Sie mit *DERIVE* und
Parameterdarstellungen über eine enorme Kontrolle verfügen.
Wir sollten zwei Graphen erhalten: einen Viertelkreis links (von
0 bis p/2) und den entsprechenden Teil einer Sinuskurve rechts.

Eingaben: D (für Delete), A (für
All), A (für Algebra), A (für
Author), [cosx-1, sinx] eingeben,
Enter, P (für Plot), P (für Plot),
Entf um zu löschen, 0 eingeben,
Tab, Entf gedrückt halten um zu
löschen, 1.57 eingeben, Enter.

Eingaben: A (für Algebra), A (für
Author), [x,sinx] eingeben, Enter,
P (für Plot), S (für Scale), 0.2
eingeben, Tab, 0.2 eingeben, Enter,
P (für Plot), Enter.

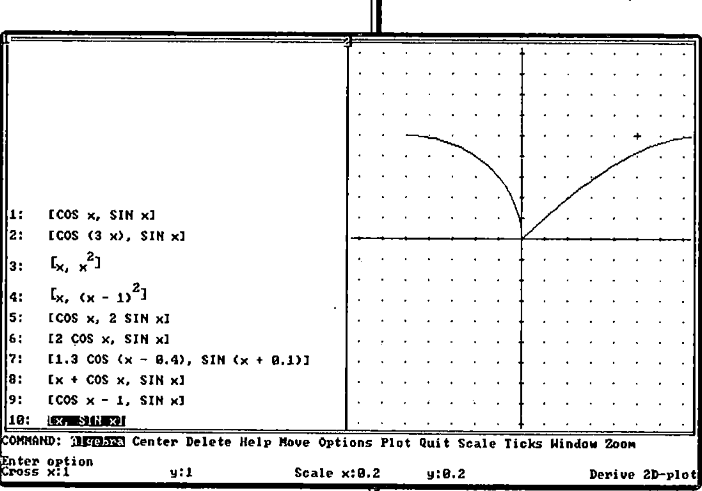

Wird der Befehl **Plot** auf eine Liste angewendet, so werden alle Elemente dieser Liste gezeichnet.

> **Eingaben: A (für Author), [x, x^2, x^3] eingeben, Enter, P (für Plot), D (für Delete), A (für All), P (für Plot).**

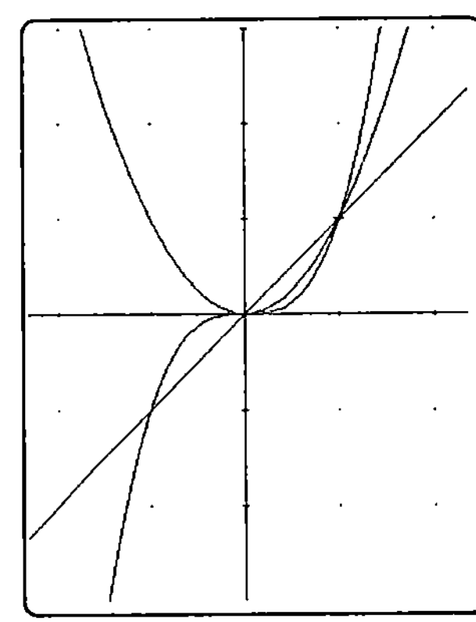

Wunderbare Effekte sind möglich. Man kann leicht Scharen von Kurven erzeugen, indem man die oben genannte Idee verwendet oder mit dem Vektorbefehl eine Liste von Ausdrücken erstellt.

> **Eingaben: A (für Algebra), A (für Author), vector(x^2-bx+1, b, -3, 3, .5) eingeben, Enter, X (für approX), Enter, P (für Plot), D (für Delete), A (für All), P (für Plot).**

Probieren Sie k*sin(x) oder sin(k*x) oder sqrt(k-x^2) oder x^2 - 5x+k mit dem Vektorbefehl und lassen Sie die Variable einen selbstgewählten Bereich durchlaufen.

Eine Funktion, die wunderbare Graphen erzeugen läßt, ist chi. Wenn ich chi(1, x, 3) zeichne, erhalte ich einen Graph, der immer 0 ist, außer zwischen 1 und 3; dort ist er 1. Ich habe die Achsen unsichtbar gemacht, damit Sie den Graph sehen können.

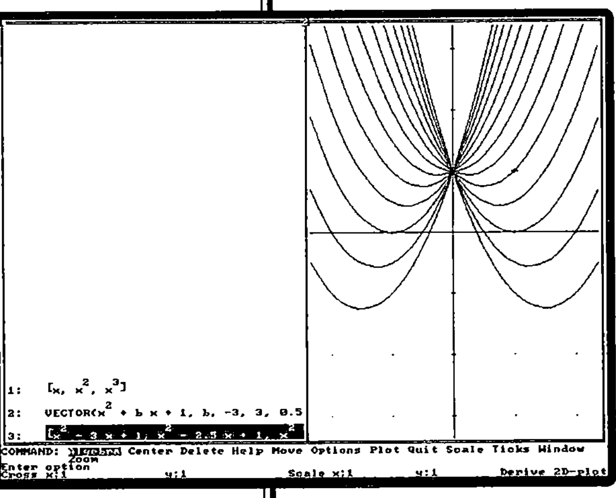

> **Eingaben: A (für Algebra), A (für Author), chi(1, x, 3) eingeben, Enter, P (für Plot), D (für Delete), A (für All), O (für Options), C (für Color), Enter, Tab, 0 eingeben, Enter, P (für Plot).**

Ich dachte zuerst, daß dies ein harmloses Ergebnis wäre. Warum sollte das jemand haben wollen?

Versuchen Sie x^2*chi(1, x, 3), zeichnen Sie es und sie sehen eine Kurve, die überall 0 ist außer zwischen 1 und 3, dort sehen Sie ein Stück einer Parabel.

Mit diesem harmlos wirkenden Werkzeug können Sie Stücke aus jeder Kurve herausnehmen und sie dorthin setzen, wo Sie wollen.

Versuchen Sie chi(1, x, 3)*x^2+chi(3, x, 5)*sin(x). Verändern Sie die Ausdrücke, solange Sie wollen.

Max und **Min** sind zwei weitere Funktionen, mit denen Sie experimentieren müssen. Beginnen Sie mit dem Zeichnen von Max(x, x^2, 3*sin(x)).

Eine andere hervorragende Erfahrung im Zeichnen stammt von meinem Freund Larry Gilligan von der Universität Cincinnati. Wenn wir den Ausdruck $(x-1)/(x^2-1)$ betrachten, sehen wir, daß der Nenner faktorisiert werden kann, und der Ausdruck wird zu $1/(x+1)$. Wir könnten erwarten, daß die Zeichnung des Originalausdrucks und diese vereinfachte Version gleich sind. Versuchen wir das:

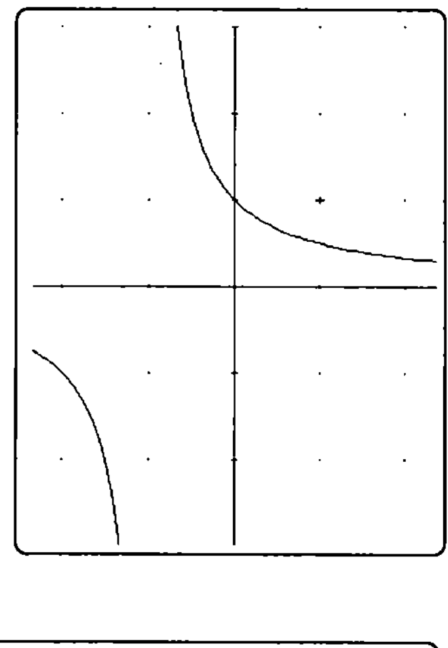

Eingaben: A (für Algebra), A (für Author), (x-1)/(x^2-1) eingeben, Enter, P (für Plot), D (für Delete), A (für All), P (für Plot).

Die interessanten Punkte auf dieser Kurve sind x = 1, und x = -1. Wir vergrößern den Graph in der Nähe von x = 1.

Eingaben: Drücken Sie Pfeil nach unten, bis sie zu einem Punkt oberhalb des Graphen gelangen, prüfen Sie den x- und den y-Wert neben Cross links unten im Bild: x sollte 1 und y sollte knapp über .5 sein, drücken Sie C (für Center), drücken Sie dreimal F9 um zu vergrößern, C (für Center), Wiederholen Sie, drücken Sie Pfeil nach unten bis das Graphik-Kreuz gerade über dem Graphen ist, wiederholen Sie erneut. Irgendwann erscheint eine Lücke. Wenn Sie sich beim Vergrößern verlieren, drücken Sie F10 einige Male zum Verkleinern und Sie finden heraus, wo Sie sind.

Wenn Sie diese Arbeit beendet haben, denken Sie über denselben Ausdruck an der Stelle x = -1 nach. Dann versuchen Sie, y = 1/(x+1) zu zeichnen und halten Sie Ausschau nach dem Loch. Viel Glück!

Mathematische Operationen führen oft in mindestens zwei Richtungen; nach oben und nach unten oder vorwärts und rückwärts. Das Faktorisieren und Ausmultiplizieren sind Operationen, die vorwärts und rückwärts verlaufen. Hier ist ein Beispiel für das Ausmultiplizieren.

$2(x+3) = 2x+6$

Eingaben: A (für Author), 2(x+3) eingeben, Enter, E (für Expand), Enter.

Hier ist das entsprechende Faktorisieren:

$2x+6 = 2(x+3)$

Eingaben: F (für Factor), Enter, R (für Rational).

Hier das Ausmultiplizieren:

$7(3x+2) = 21x+14$

Eingaben: A (für Author), 7(3x+2) eingeben, Enter, E (für Expand), Enter.

Und hier ist das entsprechende Faktorisieren:

Eingaben: F (für Factor), Enter, R (für Rational).

Wir geben Ihnen einige Beispiele zum Faktorisieren. Versuchen Sie, die Ergebnisse zu raten, bevor *DERIVE* sie errät.

Gelegenheiten zum Üben:

$25x+50$	$36+9x$	$27x-33$
$2x^2+12x+14$	$100z^2+75z+25$	$121x^6+11$
$y^5+y^4+y^3$	$x^3y^2z-xy^2z^3$	x^5-x^2

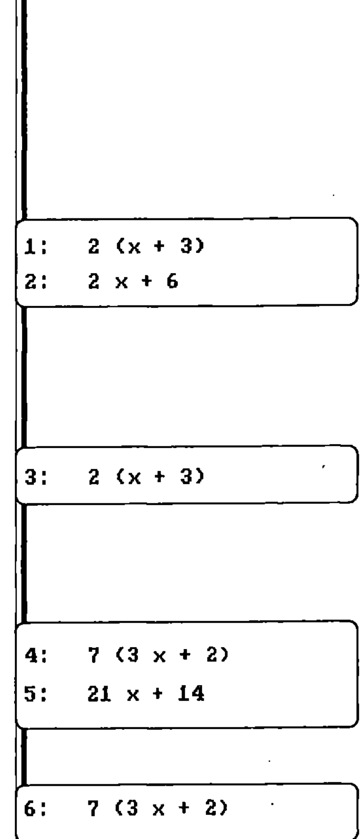

Eine Methode, sich im Faktorisieren zu üben, besteht darin, daß man rät, das Ergebnis notiert und dann Derive dieselbe Operation durchführen läßt, damit man den Tip überprüfen kann.

Eingaben: A (für Author), 7x+21z-35y=7(x+3z-5y) eingeben, Enter.

$$7: \quad 7\,x + 21\,z - 35\,y = 7\,(x + 3\,z - 5\,y)$$

Wir wollen, daß *DERIVE* die linke Seite der Gleichung, die in Wirklichkeit das Problem ist, faktorisiert. Die rechte Seite (unser Tip) bleibt so stehen. Das ist machbar.

Eingaben: Pfeil nach links (um 7x+21z-35y zu markieren), F (für Factor), Enter, Enter, T (für Trivial).

$$8: \quad 7\,(x - 5\,y + 3\,z) = 7\,(x + 3\,z - 5\,y)$$

Der Befehl **Trivial** bedeutet hier, daß ein Buchstabe oder eine Zahl, die in jedem Term auftreten, ausgeklammert werden.

Gehen Sie auf diese Weise vor, wenn sie einen Tip zum Faktorisieren speichern wollen. *DERIVE* bewertet Ihre Vermutung nicht, sondern stellt Ihnen das zur Verfügung, was sie brauchen, um selbst ein Urteil fällen zu können.

Einige Ausdrücke enthalten eine Variable mehrfach. Diese können ebenfalls zerlegt werden:

Eingaben: A (für Author), 7x^4+5x^3-3x^2 eingeben, Enter, F (für Factor), Enter, T (für Trivial).

$$9: \quad 7\,x^4 + 5\,x^3 - 3\,x^2$$
$$10: \quad x^2\,(7\,x^2 + 5\,x - 3)$$

Manchmal können Zahlen und Variablen gleichzeitig ausgeklammert werden.

Eingaben: A (für Author), 11x^7+33x^3-22x^2 eingeben, Enter, F (für Factor), Enter, R (für Rational).

$$11: \quad 11\,x^7 + 33\,x^3 - 22\,x^2$$
$$12: \quad 11\,x^2\,(x^5 + 3\,x - 2)$$

Manchmal kann das Leben kompliziert werden:

$28x^4y^2-7xy+21x^3y^2$

Probieren Sie folgendes aus:

$45x^3z^7-18x^2yz$ Raten Sie, wenn Sie bereit sind.
$12a^3b^3c^3+24abc$ Erfinden Sie Ihren eigenen
                            Ausdruck!

```
13:   28 x^4 y^2 - 7 x y + 21 x^3 y^2

14:   7 x y (4 x^3 y + 3 x^2 y - 1)
```

Im Algebraunterricht in der Schule wird Faktorisieren nur
eingeschränkt behandelt. Mit *DERIVE* können wir darüber
hinausgehen. Wir können auch an das Thema herangehen,
indem wir Muster suchen und nicht nur die Regeln befolgen,
die wir aus Büchern oder vom Lehrer gelernt haben. Die Ergebnisse sind ähnlich.

$x^2-9 = (x-3)(x+3)$

> **Eingaben: A (für Author), x^2-9 eingeben, Enter, F (für Factor), Enter,
> R (für Rational).**

```
15:   x^2 - 9

16:   (x - 3) (x + 3)
```

x^2-9 heißt ein 'Binom', weil es aus zwei Summanden besteht. x^2
und 9 sind beides Quadratzahlen, da $x*x = x^2$ und $3*3 = 9$ ist.
Also ist x^2-9 die Differenz zwischen zwei Quadratzahlen. Unten
sind einige weitere Differenzen zwischen zwei Quadratzahlen
aufgeführt. Raten Sie, wie sie zerlegt werden.

Gelegenheiten zum Üben:

x^2-25 x^2-64 y^2-16 z^2-49 a^2-225
x^2-144 z^2-400 y^2-81 a^4-625

Bilden Sie selbst Ihre eigenen Ausdrücke!

Die Sache kann mit einigen neuen Beispielen komplizierter
gemacht werden.

$4x^2-y^2 \qquad 25y^2-16x^2 \qquad 100z^2-9x^2 \qquad 441z^4-225x^2$

Bei einer anderen Art des Faktorisierens geht es um Trinome.
Dies sind Ausdrücke mit drei Termen. In diesen Beispielen
arbeiten wir ebenfalls mit quadratischen Ausdrücken, was
bedeutet, daß die höchste Potenz 2 beträgt.

**Eingaben: A (für Author), x^2+5x+6 eingeben, Enter, F (für Factor),
Enter, R (für Rational).**

$x^2+12x+35 = (x+5)(x+7)$

Sehen Sie ein Muster? Betrachten Sie die 12 und 35 und dann
die 5 und 7.
$x^2+10x+21 = ?$

Wenn Sie Muster sehen, können Sie ein Trinom erfinden, das
sich wie diese einfach faktorisieren läßt. Zufällige Trinome, die
wir erfinden, lassen sich wahrscheinlich nicht faktorisieren,
insbesondere, wenn wir bei **Factor-Rational** bleiben. Sie müssen Muster in den oben genannten Beispielen erkennen, um
neue erfinden zu können.

$x^2 -7x +5$ ist ein Trinom, das keine ganzzahligen Faktoren hat:

**Eingaben: A (für Author), x^2-7x+5 eingeben, Enter, F (for Factor),
Enter, R (for Rational).**

Wie Sie sehen, gibt *DERIVE* denselben Ausdruck zurück, wenn
es einen Ausdruck auf der gewünschten Ebene nicht
faktorisieren kann. Dieser letzte Ausdruck war der erste in
diesem Kapitel, der nicht auf die **Factor-Rational** Behandlung
angesprochen hat - deshalb müssen wir jetzt stär-
kere Mittel einsetzen.

Eingaben: F (für Factor), Enter, D (für raDicals).

```
17:  x  + 5 x + 6
18:  (x + 2) (x + 3)
```

```
19:  x  + 12 x + 35
20:  (x + 5) (x + 7)
```

```
21:  x  + 10 x + 21
22:  (x + 3) (x + 7)
```

```
     2
x  - 7 x + 5
     2
x  - 7 x + 5
```

$$1: \quad x^2 - 7x + 5$$

$$2: \quad \left[x - \frac{\sqrt{29} + 7}{2}\right]\left[x + \frac{\sqrt{29} - 7}{2}\right]$$

Dieses Ergebnis wirft eine interessante Frage auf: Was für eine Beziehung besteht zwischen der -7 und 5 in x^2-7x+5 und den Zahlen in der faktorisierten Form? Wenn Sie Interesse haben, können Sie einige Experimente machen. Vielleicht möchten Sie den faktorisierten Ausdruck in einer anderen Form sehen. Hier kann wiederum *DERIVE* helfen.

Eingaben: Pfeil nach oben (um x^2-7x+5 zu markieren), O (für Options), P (für Precision), A (für Approximate), Enter, F (für Factor), Enter, D (für raDical).

Geben Sie O ein (für Options), P (für Precision), E (für Exact), Enter, da Sie sich gewöhnlich im Exact mode befinden sollen.

$$1:\quad x^2 - 7x + 5$$

$$2:\quad \left[x - \frac{\sqrt{29} + 7}{2}\right]\left[x + \frac{\sqrt{29} - 7}{2}\right]$$

$$3:\quad (x - 6.19258)\,(x - 0.807417)$$

Hier sind einige Beispiele von "hübschen" Trinome, die sich zerlegen lassen und Sie zum Denken anregen.

$y^2-7y+12$	$z^2-12z+35$	$x^2+18x+77$
$x^2+14x+45$	$16x^2+40x+25$	$4z^2+20z+25$
$9x^2+10x+1$	$5x^2+11x+2$	$x^2+21x+20$
$7x^2+22x+3$	$7x^2+10x+3$	$3x^2+16x+5$

Erstellen Sie Ihre eigenen Beispiele für Binome und Trinome, von denen Sie glauben, daß sie sich zerlegen lassen. Wenn sich Ihre Ergebnisse von *DERIVE*s Ergebnissen unterscheiden, könnten Sie beide recht haben. Prüfen Sie das nach, indem Sie Ihre Ergebnisse und die Ergebnisse von *DERIVE* ausmultiplizieren.

Suchen Sie in Mathematiklehrbüchern nach weiteren Beispielen.

Usama, einer meiner Studenten, begann, sich für das Faktorisieren zu interessieren, als er in der Sekundarstufe war. Dieses ungewöhnliche Interesse entstand, als er ältere Studenten beobachtete, wie sie mit *DERIVE* und Mathematica, einem anderen Algebraprogramm, an diesem Thema arbeiteten. Probieren Sie Usamas Untersuchung selbst aus und versuchen Sie, die Ergebnisse vorauszusagen.

Usamas Ausdrücke: x^2-1, x^3-1, x^4-1 usw.

Eingaben: A (für Author), x^2-1 eingeben, Enter, F (für Factor), Enter, R (für Rational).
Eingaben: A, x^3-1 eingeben, Enter, F, Enter, R.

In Usamas Problemsammlung gibt es Muster, wie zum Beispiel: x^2-1, x^4-1, x^8-1, $x^{16}-1$. Sehen Sie sich auch x^2-1, x^3-1, x^5-1, x^7-1, $x^{11}-1$, $x^{13}-1$ an. Was kommt in dieser Reihe als nächstes? Usama dachte nicht an $x^{15}-1$. Überlegen Sie auch x^5-1, $x^{25}-1$, $x^{125}-1$, ... Es gibt viele Wege zu erforschen. Hier zeigt sich die wahre Stärke von *DERIVE*.

Raten, raten, raten Sie! Machen Sie sich keine Sorgen, wenn Sie falsch liegen. Das einzige, was besser als eine falsche Vermutung ist, sind zwei falsche Vermutungen. Je besser der Mathematikschüler, desto höher ist die Fehlerrate. Nur der schwache Mathematikschüler hat Angst zu raten.

Vollständige Quadrate

Manche Trinome lassen sich in zwei identische Faktoren zerlegen, daher heißen sie vollständige Quadrate. Probieren Sie folgende Beispiele und erstellen Sie dann Ihre eigenen:

$x^2+10x+25$ $y^2-14y+49$ $4x^2+36x+81$
$121x^4-22x^2+1$ $z^2-42z+441$ $9x^2-60+100$

Quadratische Ergänzung

Wenn wir mit x^2-6x+9 beginnen und faktorisieren, erhalten wir das vollständige Quadrat $(x-3)^2$.

Wenn wir mit x^2-6x+7 beginnen und faktorisieren, gibt *DERIVE* denselben Ausdruck an uns zurück. Das bedeutet, daß dieser Ausdruck nicht in ganze Zahlen zerlegt werden kann. Manchmal entschließen sich Mathematiker aus einer Notwendigkeit heraus, einen Ausdruck wie x^2-6x+7 zu einem vollstän-

$$23: \quad x^2 - 1$$
$$24: \quad (x - 1)\,(x + 1)$$
$$25: \quad x^3 - 1$$
$$26: \quad (x - 1)\,(x^2 + x + 1)$$

$$27: \quad x^2 - 6\,x + 9$$
$$28: \quad (x - 3)^2$$

digen Quadrat zu ergänzen. Wie wandeln wir x^2-6x+7 in ein vollständiges Quadrat um? Was für eine Zahl brauchen wir anstelle von 7, um ein vollständiges Quadrat zu erhalten? Da (x-2)² = x^2-4x+4 und (x-3)² = x^2-6x+9, haben wir wie immer eine Wahl zu treffen. Da der Term 6x paßt, ist (x-3)² unsere Wahl.

x^2-6x+7 = x^2-6x+9-2 = (x-3)²-2.

Zur Überprüfung multiplizieren wir aus. Versuchen Sie, folgende Ausdrücke "zum Quadrat zu ergänzen":

x^2-8x+10 x^2+20x+7 x^2-14x+46 y^2-10x+24

Gelegenheiten zum Üben:

Faktorisieren Sie: x^2-12x+36 x^2-12x+35 x^2-12x+32
                    x^2-12x+27 x^2-12x+20 x^2-12x+11

Sehen Sie die Muster? Zeichnen Sie jeden Ausdruck!
Sehen Sie? Erstellen Sie mehr Ausdrücke dieser Art
und raten Sie, welche Gemeinsamkeiten die Graphen aufweisen.

Richten Sie ein 2D-Graphikfenster ein:

Eingaben: W (für Window), S (für Split), V (für Vertical), Enter, F1 (um zum nächsten Fenster zu wechseln), W (für Window), D (für Designate), 2 (für 2-D Plot), y (für yes), O (für Options), D (für Display), G (für Graphics), Enter.

So erzeugen Sie ein Graphikfenster.

Eingaben: A (für Algebra), A (für Author), x^2-12x+36 eingeben, Enter, P (für Plot), S (für Scale), Entf um zu löschen, 2 eingeben, Tab, Entf um zu löschen, 2 eingeben, Enter, Strg-Taste und Pfeil nach rechts viermal, C (für Center), P (für Plot).

Eingaben: A, A, F3 (um den markierten Ausdruck zu kopieren), Rück-Taste einmal drücken, 5 eingeben, Enter, P, P.

```
29:  x  - 6 x + 7
        2
30:  x  - 6 x + 7
        2
```

```
31:  x  - 6 x + 9 - 2
        2
32:  x  - 6 x + 9
        2
33:  (x - 3)
            2
34:  x  - 6 x + 7 = (x - 3)  - 2
        2                  2
35:  x  - 6 x + 7 = x  - 6 x + 7
        2             2
```

Stellen Sie fest, wo diese Graphen die horizontale oder x-Achse schneiden und von welchem Ausdruck sie stammen. Ihre Graphen sind mit den folgenden Eingaben leichter zu sehen:

Eingaben: Verwenden Sie die Pfeiltasten, um das Graphik-Kreuz (+) im Graphikfenster ganz unten auf den ersten Graph zu setzen, drücken Sie C (für Center), F9 um sich dem Graphen zu nähern, verwenden Sie die Pfeiltasten, um das Graphik-Kreuz (+) auf die Schnittpunkte zu setzen und lesen Sie die x und y-Koordinaten vom unteren Bereich ihres Bildschirms ab.

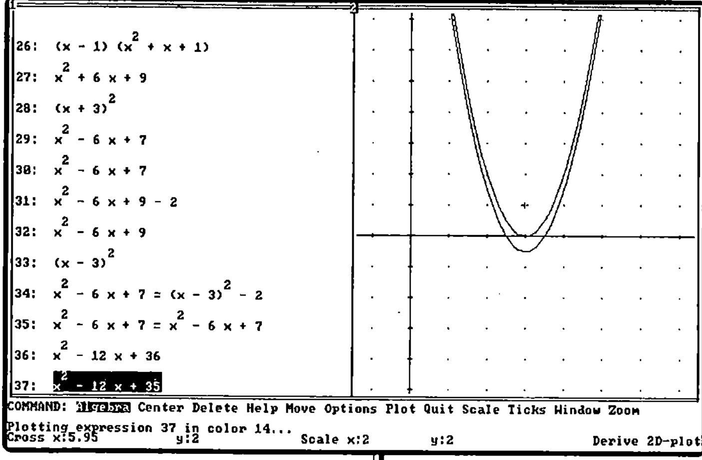

Wenn Sie im Graphikfenster nichts sehen können, drücken Sie ein oder zweimal F10, um den Bereich zu verkleinern (ich stelle mir ein Feld vor, das ich in einem Hubschrauber überfliege). F9 läßt mich an das Feld näher herankommen und mit F10 gehe ich auf Distanz.

Der Ausdruck x^2-5x+7 gibt uns Gelegenheit, einige interessante Faktorisierungsmöglichkeiten zu betrachten. Vor dem Faktorisieren mache ich entsprechende Angaben, um die Form der Antwort festzulegen.

Eingaben: O (für Options), P (für Precision), E (für Exact), Enter, A (für Algebra), A (für Author), x^2-5x+7 eingeben, Enter, F (für Factor), Enter, R (für Rational), F (für Factor), Enter, D (für raDicals), F (für Factor), Enter, C (für Complex).

$$38:\quad x^2 - 5 x + 7$$

$$39:\quad x^2 - 5 x + 7$$

$$40:\quad x^2 - 5 x + 7$$

$$41:\quad \left[x - \frac{5 + \sqrt{3}\,\hat{\imath}}{2}\right]\left[x + \frac{-5 + \sqrt{3}\,\hat{\imath}}{2}\right]$$

Wie Sie sehen können, hatte **Factor-Rational** keine Wirkung, **Factor-raDicals** auch nicht, aber es funktionierte mit **Factor-Complex**. Soeben sind wir dem Symbol î begegnet, einer der Einheiten der komplexen Zahlen (î steht for "imaginär") was einen riesigen Forschungsbereich eröffnet. Mit den folgenden Eingaben können wir eine weitere nützliche Form erhalten:

Eingaben: Pfeil nach links (um x-(5+sqrt3î)/2 zu markieren), X (für approXimate), Enter, Pfeil nach rechts zweimal (um x+(-5+sqrt3î)/2 zu markieren), X (for approXimate), Enter.

$$41: \quad \left[x - \frac{5 + \sqrt{3}\ \hat{1}}{2}\right]\left[x + \frac{-5 + \sqrt{3}\ \hat{1}}{2}\right]$$

$$42: \quad (x - 2.5 - 0.866025\ \hat{1})\left[x + \frac{-5 + \sqrt{3}\ \hat{1}}{2}\right]$$

$$43: \quad (x - 2.5 - 0.866025\ \hat{1})\ (x - 2.5 + 0.866025\ \hat{1})$$

Fast dasselbe Ergebnis kann erzielt werden, indem man $x^2 - 5x + 7$ markiert und **Options-Precision, Mixed** und dann **Factor** durchführt.

Versuchen Sie stets, von *DERIVE* die Form zu bekommen, die Sie haben wollen. Ich kann nicht garantieren, daß Sie immer bekommen, was Sie wollen (auch bei mir ist das nicht der Fall), aber ich bin sicher, daß mit etwas Erfahrung Ihre Ergebnisse erstaunlich gut werden.

Auf einer Versammlung im Joliet Community College waren ein Lehrer und ich beide erstaunt, daß Derive x^4+64 mit rationalen Zahlen faktorisierte. Wir erwarteten intuitiv ein Echo, d.h. keine Aktion, und dachten, daß wir über **raDicals** oder **Complex** faktorisieren müßten. Aufgrund dieser Beobachtung untersuchten wir ähnliche Ausdrücke.

Eingaben: A (für Author), vector([x^4+2^n], n, 1, 10) eingeben, Enter, F (für Factor), Enter, Enter, R (für Rational), Enter.

$$1: \quad \text{VECTOR}([x^4 + 2^n], n, 1, 10)$$

$$2: \quad \begin{bmatrix} x^4 + 2 \\ (x^2 - 2x + 2)\ (x^2 + 2x + 2) \\ x^4 + 8 \\ x^4 + 16 \\ x^4 + 32 \\ (x^2 - 4x + 8)\ (x^2 + 4x + 8) \\ x^4 + 128 \\ x^4 + 256 \\ x^4 + 512 \\ (x^2 - 8x + 32)\ (x^2 + 8x + 32) \end{bmatrix}$$

Dies gab uns einige Hinweise, und wir probierten dann eine Tabelle von $x^4+2^{(4n-2)}$ aus. Sehen sie, was Sie finden können und erweitern Sie diese Beobachtung, soweit Sie können.

Ein anderes Faktorisierungsproblem lernte ich zuerst von Wally
Dodge (von dem ich später hörte, daß er es von Charlie Schultz
hatte - zwei hervorragende Mathematiklehrer der New Trier
High School in der Nähe von Chicago). Wenn wir x^2-1 oder
$x^{12}-1$ faktorisieren und nach Mustern suchen, erkennen wir
kaum, daß alle Koeffizienten der Faktoren 0 oder 1 oder -1 sind.
Wir sehen das nicht, da sie alle so erscheinen. Probieren Sie ein
paar aus und sehen Sie selbst. Versuchen Sie dann, $x^{105}-1$ mit
den Rationals zu zerlegen und untersuchen Sie die Faktoren
genau. Drücken Sie Pfeil nach rechts, um den zweiten Faktor zu
markieren und fahren Sie fort. Wenn der neue Faktor länger als
eine Zeile ist, halten Sie die Strg-Taste und drücken Sie Pfeil
nach rechts für den nächsten Faktor. Sie sollten erkennen, daß
die letzten beiden Faktoren jeweils einen Term haben mit einem
Koeffizienten verschieden von 0, 1 und -1. 105 ist das kleinste n
von x^n-1, für das dies gilt. Diese Ausdrücke heißen
zyklotomische Polynome. Jetzt sind Sie auf dem Weg der Mathematik!

1+2+3+4 = x ist eine einfache Aussage Was für eine Zahl müssen wir für x einsetzen, damit sie wahr wird?

1+2+3+ ... +98+99+100 = x ist auch eine einfache Aussage, die aber viel mehr Zahlen beinhaltet als die oben genannte Aussage. Mit was für einer Zahl für x wird sie wahr? (Übrigens bedeutet diese Aussage "addiere die Zahlen von 1 bis 100").

Wir brauchen eine Strategie. Versuchen Sie, das schwierigere Problem anzugehen, indem Sie es überspringen. Oft ist es das Beste, bei schwierigen Problemen so vorzugehen. Stattdessen untersuchen wir das einfachere Problem, aber nicht auf die gewöhnliche, sondern auf eine schlauere Art und Weise.

$$1+2+3+4$$

Also $1+2+3+4 = 5+5 = 2*5 = 10$. (Sehen Sie, was wir tun?) Wir wollen es mit einem ähnlichen, aber etwas schwierigeren Problem versuchen:

$$1+2+3+4+5+6$$

$$1+2+3+4+5+6 = 7+7+7 = 3*7 = 21$$

Woher kommt die 3? Woher kommt die 7?

Probieren Sie mehrere Probleme dieser Art aus, und setzen Sie *DERIVE* ein, um Ihre Antworten zu überprüfen.

Eine Art, 1+2+3+4 in ***DERIVE*** zu bearbeiten:

> **Eingaben: A (für Author), n eingeben, Enter.**
>
> **Eingaben: C (für Calculus), S (für Sum), Enter, Enter, Tab, Entf drücken um zu löschen, 4 eingeben, Enter.**
>
> **Eingaben: S (für Simplify), Enter.**

Als Ergebnis sollten Sie 10 erhalten.

Das Symbol   wird gelesen als "die Summe aller Zahlen n von n=1 bis n=4 " und bedeutet 1+2+3+4.

Berechnen Sie 1+2+3+4+5+6:

> **Eingaben: A (für Author), n eingeben, Enter.**
>
> **Eingaben: C (für Calculus), S (für Sum), Enter, Enter, Tab, Entf um zu löschen, 6 eingeben, Enter.**
>
> **Eingaben: S (für Simplify), Enter.**

Das Ergebnis sollte 21 sein.

Jetzt können wir zu unserem ursprünglichen, schwierigen Problem zurückkehren.

$$1+2+3+ \ldots +98+99+100 = x.$$

Wir können ***DERIVE*** einsetzen, um die Frage zu beantworten, welche Zahl für x eingesetzt werden muß, damit diese Aussage wahr wird.

> **Eingaben: A (für Author), n eingeben, Enter.**
>
> **Eingaben: C (für Calculus), S (für Sum), Enter, Enter, Tab, Entf um zu löschen, 100 eingeben, Enter.**
>
> **Eingaben: S (für Simplify), Enter.**

$$1: \quad n$$
$$2: \quad \sum_{n=1}^{4} n$$
$$3: \quad 10$$

$$4: \quad n$$
$$5: \quad \sum_{n=1}^{6} n$$
$$6: \quad 21$$

$$7: \quad n$$
$$8: \quad \sum_{n=1}^{100} n$$
$$9: \quad 5050$$

Ist das nicht die Macht des Computers? Indem Sie ungefähr
dieselbe Anzahl von Tasten drücken, erhalten Sie die Antwort
für 1+2+3+4, ein einfaches Problem, oder für 1+2+3+ . . .
+98+99+100, ein schwierigeres Problem. Man verändert seine
Einstellung dazu, ob etwas ein schwieriges oder ein einfaches
Problem ist. Computer haben diese Wirkung auf Menschen.

Nachdem wir jetzt die Stärke des Computers erkannt haben, wie
sehen wir jetzt die Stärke unseres Verstandes? Gehen wir zurück
zu unseren Problemen und analysieren wir weiter (hier ist der
Computer momentan schwächer).

$1+2+3+4 = 5+5 = 2*5$.

Bei $2*5$ sehen wir zwei Zahlen; die 5 stammt von 1+4 oder 2+3,
aber woher kommt die 2? Wieviele 5er Paare können Sie aus
1+2+3+4 machen? Ja, zwei Paare aus vier Zahlen.

$1+2+3+4+5+6 = 7+7+7 = 3*7$.

Hier stammt die 7 von 6+1 und die 3 ist die Anzahl von 7er
Paaren, die sie aus sechs Zahlen bilden können.

$1+2+3+ . . . +98+99+100 = 5050$ ist die Antwort von *DERIVE*.

Könnten wir die Antwort auf dieses "schwierige Problem"
erhalten, ohne den Computer zu fragen?

Sicherlich ist $101 = 1+100$ und $2+99$ usw. Also muß 101 eine
große Rolle bei unserer Antwort spielen. Wieviele 101er haben
wir? Von 1 bis 100 sind 100 Zahlen, also muß es fünfzig
Zahlenpaare geben. Daher ist

$1+2+3+ . . . +98+99+100 = 50*101$.

Wie läßt sich diese Antwort mit der Antwort von *DERIVE*
vergleichen?

Gelegenheiten zum Üben:

Berechnen Sie die Summe von 1 bis 10, 1 bis 20, 1 bis 30, 1 bis 40 usw. Schauen Sie sich die Antworten an und suchen Sie nach Mustern. Sagen Sie die Antworten vorher und überprüfen Sie Ihre Ergebnisse. Dies ist eine gute Gelegenheit, wieder einige Merkmale von *DERIVE* zu nutzen, um uns das Leben zu erleichtern.

In dieser letzten Folge von Summen von 1 bis 10 usw. könnten Sie jedes Problem einzeln eingeben, aber es gibt einen besseren Weg. Probieren Sie diese Sequenz aus, um die ersten drei Summen in dieser Liste zu erhalten:

Eingaben: A (für Author), n eingeben, Enter.

Eingaben: C (für Calculus), S (für Sum), Enter, Enter, Tab, Entf zum Löschen drücken, 10 eingeben, Enter.

Eingaben: S (für Simplify), Enter.

Dies ist unsere normale Eingabe für Summen. Hier kommt die arbeitssparende Eingabetechnik:

Eingaben: Pfeil nach oben (um $\sum_{n=1}^{10} n$ zu markieren), A (für Author), F3 drücken (um den markierten Ausdruck zu kopieren), Strg-Taste gedrückt halten und zweimal A drücken, Strg-Taste loslassen, 2 eingeben, Enter.

Eingaben: S (für Simplify), Enter.

Eingaben: Pfeil nach oben (um $\sum_{n=1}^{20} n$ zu markieren), A (für Author), F3 (um zu kopieren), Strg-Taste gedrückt halten, zweimal A drücken und Strg-Taste loslassen, 3 eingeben, Enter.

Eingaben: S (für Simplify), Enter.

Wenn Sie diese Eingabetechnik oft einsetzen, werden Sie anfangen, sie zu mögen; besonders bei langen Aussagen. Al Rich and David Stoutemyer - nochmals vielen Dank für das exzellente Design und Programmieren in *DERIVE*.

$$10: \quad n$$

$$11: \quad \sum_{n=1}^{10} n$$

$$12: \quad 55$$

$$13: \quad \sum_{n=1}^{20} n$$

$$14: \quad 210$$

$$15: \quad \sum_{n=1}^{30} n$$

$$16: \quad 465$$

Gelegenheiten zum Üben:

1. Finden Sie die Summe von dritten Potenzen n^3 anstelle von n. Berechnen Sie von 1 bis 2 (das heißt, 1^3+2^3), von 1 bis 3, ($1^3+2^3+3^3$) usw. An der *DERIVE* -Eingabe ändert sich im Vergleich zur vorigen Aufgabe nur, daß man n^3 anstelle von n im Author-Modus eingibt. Suchen Sie nach Mustern - Sie werden sie finden.

2. Finden Sie die Summe der Quadrate n^2 (es ist schwieriger, ein Muster dafür zu finden als für n^3).

3. Finden Sie die Summe der ersten fünf geraden Zahlen (n geht dabei von 1 bis 5). Hinweis: Die geraden Zahlen werden durch den Ausdruck 2n dargestellt.

4. Finden Sie die Summe von $1/2^n$ für n von 1 bis 2 - das Ergebnis ist 1/2+1/4 - und für n von 1 bis 3 - das Ergebnis ist 1/2+1/4+1/8 - usw.

5. Finden Sie die Summe von $1/3^n$, $1/4^n$ usw. Es gibt überall wunderbare Bildungsgesetze in den Resultaten der jeweiligen Sequenzen. Finden Sie sie mit der Hilfe von *DERIVE.* *DERIVE* gibt 7/8 als Summe von $1/2^n$ von n = 1 bis 3 an. Dies zeigt eine besondere Eigenschaft von *DERIVE*. Die meisten Programme produzieren Antworten nur in Dezimalform. Bei Derive können Sie wählen. Sie können als Ausgabe eine rationale Zahl (Bruchzahl oder Verhältniszahl) oder eine Dezimalzahl verlangen. Mathematisch kann beides von Nutzen sein.

Beispielsweise zeigt im Fall der Summe über $1/2^n$ für n von 1 bis 10 das Ergebnis 1023/1024 in Bruchform sehr klar, was geschieht (versuchen Sie es von 1 bis 20 und es wird noch klarer). Aber wenn Sie denselben Ansatz bei $1/4^n$ versuchen, kann Ihnen die Dezimalform (drücken Sie X für **approXimate**) ein klareres Muster zeigen als die Bruchform.

6. Finden Sie die Summe von 1/n für n von 2 bis 3, was 1/2+1/3 ergibt.

7. Finden Sie die Summe von 1/n für n von 2 bis 5, was 1/2 + 1/3 + 1/4 + 1/5 ergibt.

8. Finden Sie die Summe von 1/n für n von 2 bis 1000, was 1/2 + 1/3 + . . . + 1/999 + 1/1000 ergibt.

Auf meinem kleinen Laptop Toshiba T-1000 (einem Computer mit 4.77 Mhz) dauerte es so lange, wie ich brauche, um mir einen Kaffee zu holen, um eine mehrstellige, exakte, rationale Zahl zu berechnen. Als ich X für **approXimate** drückte, um 1/2 + 1/3 + . . . + 1/999 + 1/1000 in eine Dezimalzahl zu verwandeln, war das Ergebnis 6.48547 mit einer Rechengenauigkeit von sechs Stellen und 6.48547086566 mit einer Rechengenauigkeit von 12 Stellen.

Lassen Sie mich Ihnen zeigen, wie ich mit *DERIVE* arbeite, um die Summe über 1/n zu erhalten:

> **Eingaben: A (für Author), 1/n eingeben, Enter.**
>
> **Eingaben: C (für Calculus), S (für Sum), Enter, Enter, Entf drücken um zu löschen, 2 eingeben, Tab, Entf drücken um zu löschen, 100 eingeben, Enter.**
>
> **Eingaben: X (für approXimate), Enter.**

$$17: \quad \frac{1}{n}$$

$$18: \quad \sum_{n=2}^{100} \frac{1}{n}$$

$$19: \quad 4.18737$$

Die Summe der Zahlen der Form 1/n ist eine berühmte Reihe, die als die "harmonische Reihe" bezeichnet wird. Vor langer Zeit wurde bewiesen, daß die Summe unendlich wächst, wenn sich n erhöht. Wir fanden mit *DERIVE*, daß die Summe der ersten tausend Folgenglieder ungefähr 6.5 ist; die Summe der ersten zehntausend Glieder ist etwa 9.8.

DERIVE ist in diesem Bereich weitaus leistungsstärker als wir hier gezeigt haben. Es kann für Summen symbolische sowie numerische Ergebnisse erzeugen.

Eingaben: A (für Author), n eingeben, Enter, C (für Calculus), S (für Sum), Enter, Enter, Tab, Entf eingeben um zu löschen, k eingeben, Enter, S (für Simplify), Enter.

. . . oder tun Sie etwas, das schwieriger erscheint . . .

$$17: \quad n$$

$$18: \quad \sum_{n=1}^{k} n$$

$$19: \quad \frac{k\,(k+1)}{2}$$

Eingaben: A (für Author), n^7 eingeben, Enter, C (für Calculus), S (für Sum), Enter, Enter, Tab, Entf zum Löschen, k eingeben, Enter, S (für Simplify), Enter.

Wenn Sie diese Form nicht mögen, versuchen Sie folgende Änderung:

$$20: \quad n^7$$

$$21: \quad \sum_{n=1}^{k} n^7$$

$$22: \quad \frac{k^2\,(k+1)^2\,(3k^4 + 6k^3 - k^2 - 4k + 2)}{24}$$

Eingaben: E (for Expand), Enter.

Und wenn wir schon dabei sind, wollen wir ein bißchen angeben, indem wir diesen häßlichen Ausdruck faktorisieren.

$$23: \quad \frac{k^8}{8} + \frac{k^7}{2} + \frac{7k^6}{12} - \frac{7k^4}{24} + \frac{k^2}{12}$$

Eingaben: F (für Factor), Enter, R (für Rational).

$$24: \quad \frac{k^2\,(k+1)^2\,(3k^4 + 6k^3 - k^2 - 4k + 2)}{24}$$

Da die Aussagen 22 und 24 dasselbe Ergebnis aufweisen, könnten Sie auf den Gedanken kommen, daß *DERIVE* die Aussage 24 erzeugte, indem es sich an 22 erinnerte. Ich schwöre, daß das nicht der Fall war. Auf meinem kleinen sechs Pfund schweren 4,77 Mhz Toshiba T1000 Laptop arbeitete *DERIVE* 41 Sekunden lang, um zu dem Ergebnis zu kommen. Auf meinem 20 Mhz 386 Notebook dauerte es 4,59 Sekunden und auf meinem 486 mit 33 Mhz dauerte es 1,48 Sekunden.

Notizen:

Viele lineare Gleichungen sind leicht zu lösen.

$2x+3 = 11$

Diese Gleichung besagt, daß zweimal eine gewisse Zahl plus 3 gleich 11 ist. Mit was für einer Zahl für x kann diese offene Aussage wahr sein? Wir wollen eine Zahl für x versuchen. Wenn die offene Aussage dadurch wahr wird, haben wir es geschafft. Wenn die offene Aussage dadurch falsch wird, versuchen wir eine größere oder kleinere Zahl, bis eine Zahl funktioniert. In diesem Fall ist es 4, $(2*4)+3 = 11$ ist wahr.

Schauen Sie sich jetzt $127x-315+211-36x+2x = 600+5x$ an. Dies ist auch eine lineare Gleichung, und ich werde allen Versuchungen widerstehen, sie selbst zu lösen, weil sie ein bißchen umständlich ist. Hier kann *DERIVE* eine große Hilfe sein. Wir werden versuchen, diese Gleichung in einer Untersuchung zu lösen, jedoch mit einiger Unterstützung von *DERIVE*.

Eingaben: A (für Author), 127x-315+211-36x+2x=600+5x eingeben, Enter.

```
1:    127 x - 315 + 211 - 36 x + 2 x = 600 + 5 x
```

Eingaben: M (für Manage), S (für Substitute), Enter, 3 eingeben, Enter.

```
2:    127 3 - 315 + 211 - 36 3 + 2 3 = 600 + 5 3
```

Hier haben wir in *DERIVE* 3 für x gesetzt (das habe ich einfach einmal geraten), die Berechnung aber noch nicht ausgeführt. Dies ist eine große Hilfe, um zu sehen und zu verstehen, was passiert; der Computer wird für uns verlangsamt. (Vielen Dank an Al Rich und David Stoutemyer für das exzellente Design und die Programmierung von Derive!) Jetzt befehlen wir *DERIVE*, loszulegen und den aufwendigen Teil zu tun, den wir überspringen wollen.

Eingaben: S (for Simplify), Enter.

```
3:    175 = 615
```

So erfahren wir, daß meine Schätzung zu groß oder zu klein war
und dadurch die offene Aussage nicht wahr wird. Ich wäre
erschrocken, wenn es sofort funktioniert hätte. Meine nächster
Tip ist 10.

**Eingaben: Pfeil nach oben zweimal
(um die ursprüngliche Gleichung zu
markieren), M (für Manage), S (für
Substitute), Enter, 10 eingeben, Enter.**

```
4:    127 10 - 315 + 211 - 36 10 + 2 10 = 600 + 5 10
```

Damit sollte *DERIVE* für jedes x die Zahl 10 einsetzen. Jetzt
lassen wir *DERIVE* den umständlichen Teil machen:

Eingaben: S (für Simplify), Enter.

```
5:    826 = 650
```

Lassen Sie sehen:

. . . wenn x = 3 eingesetzt wird, erhalten wir 175 = 615.

. . . wenn x = 10 eingesetzt wird, erhalten wir 826 = 650.

Ich glaube, 10 ist zu groß, da 826 größer ist als 650. (Verstehen
Sie, warum ich das denke?)

Als nächstes versuche ich 8. (Was würden Sie probieren?) Wenn
DERIVE auf Ihrem Computer gerade läuft, dann probieren Sie
das selbst aus und lesen Sie erst dann weiter.

Wenn ich wie oben mit 8 probiere, funktioniert es. (Glück
gehabt!) Indem wir *DERIVE* die aufwendigen Berechnungen
überlassen haben, konnten wir eine arithmetisch komplizierte
lineare Gleichung durch Ausprobieren lösen. Testen Sie diese
Technik eine Zeitlang mit allen Gleichungen, auf die Sie stoßen.
Sie werden viel aus dieser Erfahrung lernen. Es gibt viele interessante und köstliche Überraschungen.

Wenn Sie eine Antwort benötigen, erhalten Sie diese oft mit
DERIVE. Wenn Sie aber auch mathematisches Denken mitein-
bringen möchten, verwenden Sie diese Befehle: Manage,
Substitute und Simplify.

**Eingaben: Pfeil nach oben (um die gegebene Gleichung zu markieren,
127x-315+211-36x+2x=600+5x), S (für Simplify), Enter.**

```
7:    93 x - 104 = 5 x + 600
```

Was ist geschehen? Die rechte Seite der Gleichung sieht in etwa
gleich aus, aber die linke Seite hat sich verändert. *DERIVE* hat
127x-36x+2x zu 93x und -315+211 zu -104 vereinfacht. Jetzt
sind wir dran. Wir möchten, daß sich die x nur auf einer Seite
des = Zeichens und auf der anderen Seite nur die Zahlen befinden. Zuerst die x.

**Eingaben:B (für Build), Enter, + eingeben, Pfeil nach rechts
zweimal (um 5x+600 zu markieren), Pfeil nach unten (um 5x zu
markieren), Enter, D (für Done).**

```
9:    (93 x - 104 = 5 x + 600) - 5 x
```

So soll *DERIVE* 5x von beiden Seiten der Gleichung subtrahieren.

Eingaben: S (für Simplify), Enter.

```
10:   88 x - 104 = 600
```

So läßt man *DERIVE* die angezeigte Subtraktion ausführen. Als
nächstes müssen wir 104 auf beiden Seiten der Gleichung
addieren.

**Eingaben:B (für Build), Enter, + eingeben, Pfeil nach links (um 88x-
104 zu markieren), Pfeil nach unten (was 88x markiert), jetzt Pfeil
nach rechts (um 104 zu markieren), Enter, D (für Done).**

```
12:   (88 x - 104 = 600) + 104
```

Und wieder lassen wir *DERIVE* die angezeigte Operation
ausführen.

Eingaben: S (für Simplify), Enter.

```
13:   88 x = 704
```

Jetzt können wir beide Seiten der Gleichung durch 88 teilen.

Eingaben: B (für Build), Enter, / eingeben, Pfeil nach links (um 88x zu markieren), Pfeil nach unten (um 88 zu markieren), Enter, D (für Done).

$$15: \quad \frac{88\ x = 704}{88}$$

Und vereinfachen . . .

Eingaben: S (für Simplify), Enter.

$$16: \quad x = 8$$

Natürlich kann für diejenigen, die nur an der Antwort interessiert sind, *DERIVE* nicht nur im Zeitlupenmodus eingesetzt werden.

Eingaben: Pfeil nach oben (um die gegebene Gleichung zu markieren), L (für soLve), Enter.

$$17: \quad x = 8$$

Alle linearen Gleichungen können mit jeder der drei folgenden Methoden gelöst werden:

Methode 1: Raten Sie eine Zahl und verwenden Sie **Manage** und **Substitute**, um zu sehen, ob die Gleichung damit wahr wird. Lassen Sie *DERIVE* die Ergebnisse berechnen und nutzen Sie das Feedback, um erneut und besser zu schätzen. Machen Sie weiter, bis sie eine Lösung finden (oder müde werden!).

Methode 2: Führen Sie durch Addition, Subtraktion, Multiplikation oder Division die gegebene Gleichung in eine Gleichung über, die sie durch Ausprobieren lösen können (der Befehl **Build** ist dabei äußerst nützlich).

Methode 3: Verwenden Sie den Befehl **soLve**.

Verwenden Sie alle drei Methoden bei der folgenden Gleichung:

7x+22-6x+3-5236 = -13x+889+64x.

Lassen Sie sich nicht einfach von irgendjemandem - in keinem
Bereich der Mathematik - davon überzeugen, daß es nur einen
Weg gibt. Die Person kennt vielleicht nur einen Weg oder mag
vielleicht nur einen Weg, aber es gibt selten nur einen Weg, um
ein Problem zu lösen. Ich habe hier drei Wege beschrieben.
Finden Sie einen anderen und schicken Sie uns Ihre Lösung.
Vielleicht erscheint sie zusammen mit Ihrem Namen in der
nächsten Auflage.

DERIVE ermöglicht es uns auch, mehr als eine lineare Gleichung auf einmal zu lösen. Ich gebe ein Beispiel, Sie können
Ihr eigenes erfinden. Ich stelle mir zwei Zahlen vor, x und y,
ihre Summe ist 27, und ihre Differenz ist 5. Welche Zahlen
funktionieren?

> **Eingaben: A (für Author), [x+y=27, x-y=5] eingeben, Enter, L (für
> soLve), Enter.**

```
1:    [x + y = 27, x - y = 5]
2:    [x = 16, y = 11]
```

Zur Überprüfung dieser Ergebnisse:

> **Eingaben: Pfeil nach oben, M (für Manage), S (für Substitute),
> Enter, 16 eingeben, Enter, 11 eingeben, Enter, S (für Simplify),
> Enter.**

```
3:    [16 + 11 = 27, 16 - 11 = 5]
4:    [27 = 27, 5 = 5]
```

In diesem Fall hatten wir numerische Lösungen: versuchen Sie,
auf dieselbe Art und Weise mit Gleichungen umzugehen x + y =
27 und 2x + 2y = 54.

Das @ Symbol bedeutet, daß jede Zahl für die Variable eingesetzt werden kann, und daß daher die beiden Gleichungen
wirklich dieselbe Gleichung nur in anderer Form sind und als
"nicht unabhängig" bezeichnet werden. Wenn Sie beide zeichnen, werden Sie nur eine Linie sehen.

Versuchen Sie, bei $x + y = 27$ und $x + y = 28$ gleichermaßen vorzugehen. Die entsprechenden Graphen sollten parallel sein, daher existiert keine Lösung.

DERIVE ist wie immer bereit, aufwendige Probleme mit vielen Gleichungen und schrecklichen Zahlen zu bewältigen.

Eingaben: A (für Author), [2x+3y+5z=11, 11x-13y+17z= -1, x+y+z=23] eingeben, Enter, L (für soLve), Enter, X (für approX), Enter, Pfeil nach oben, Pfeil nach oben, M (für Manage), S (für Substitute), Enter, Entf um zu löschen, 1168/39 eingeben, Enter, Entf um zu löschen, 92/13 eingeben, Enter, Entf um zu löschen, -547/39 eingeben, Enter, S (für Simplify), Enter.

```
5:   [2 x + 3 y + 5 z = 11, 11 x - 13 y + 17 z = -1, x + y + z = 23]

           1168         92          547
6:   [x = ------,  y = ----,  z = - ----]
            39          13           39

7:   [x = 29.9487, y = 7.07692, z = -14.0256]

         1168       92       547              1168        92        547
8:   [2 ------ + 3 ---- + 5 [- ----] = 11, 11 ------ - 13 ---- + 17 [- ----] =
          39        13         39               39         13         39

9:   [11 = 11, -1 = -1, 23 = 23]
```

Sie können solche Gleichungen auch allgemein für beliebige Koeffizienten lösen.

Eingaben: A (für Author), [ax+by=c, dx+ey=f] eingeben, Enter, L (für soLve), Enter, Enter, Enter, Pfeil nach oben, M (für Manage), S (für Substitute), Enter, Entf um zu löschen, (ce-bf)/(ae-bd) eingeben, Enter, Entf drücken um zu löschen, (af-cd)/(ae-bd) eingeben, Enter, Enter, Enter, S (für Simplify), Enter.

```
10:   [a x + b y = c, d x + e y = f]

            c e - b f        a f - c d
11:   [x = ---------,  y = ---------]
            a e - b d        a e - b d

          c e - b f     a f - c d          c e - b f     a f - c d
12:   [a --------- + b --------- = c,  d --------- + e --------- = f]
          a e - b d     a e - b d          a e - b d     a e - b d

13:   [c = c, f = f]
```

Versuchen Sie, denselben Prozeß mit drei Gleichungen und drei Unbekannten und mit allgemeinen Koeffizienten durchzuführen.

Eine Art, um den Reichtum der Mathematik und die verschiedenen Stärken von **DERIVE** zu erkennen, besteht darin, ein Problem auf verschiedene Weisen zu lösen. Als Beispiel werden wir das folgende, harmlos wirkende Problem auf verschiedene Arten behandeln: Lösen Sie die Gleichung $x^2-5x+6=0$ nach x auf. Bevor wir beginnen, überlegen wir, wieviele Wege wir kennen, um diese Gleichung zu lösen.

Methode 1: Wenn wir $x^2-5x+6=0$ nach x^2 auflösen und dann beide Seiten der Gleichung durch x teilen, erhalten wir $x=5-6/x$. Setzen Sie für x auf der rechten Seite der Gleichung den Wert von x auf der linken Seite dieser Gleichung ein. Wir erhalten $5-6/(5-6/x)$. Sie können sich vorstellen, daß man diesen Prozeß wiederholen kann, solange man möchte. Zeichnen Sie $y=5-6/x$ (eine Hyperbel mit zwei Ästen) und dann $y=5-6/(5-6/x)$ (ebenfalls eine Hyperbel mit zwei Ästen). Auf den Schnittpunkten dieser Graphen befinden sich die Lösungen der ursprünglich gegebenen Gleichung $x^2-5x+6=0$.

Eingaben: A (für Author), x^2-5x+6=0 eingeben, Enter, A (für Author), 5x-6 eingeben, Enter, B (für Build), Enter, + eingeben, Pfeil nach oben (um x^2-5x+6=0 zu markieren), Enter, D (für Done), S (für Simplify), Enter.

```
1:   x  - 5 x + 6 = 0
            2
2:   5 x - 6
                      2
3:   5 x - 6 + (x  - 5 x + 6 = 0)
        2
4:   x  = 5 x - 6
```

Als nächstes müssen wir beide Seiten dieser Gleichung durch x teilen und vereinfachen.

Eingaben: A (für Author), x eingeben, Enter, Pfeil nach oben (um x^2=5x-6 zu markieren), B (für Build), Enter, / eingeben, Pfeil nach unten (um x zu markieren), Enter, D (für Done), S (für Simplify), Enter, E (für Expand), Enter.

```
5:   x
          2
        x  = 5 x - 6
6:   ─────────────────
             x

            5 x - 6
7:   x = ───────────
             x

                 6
8:   x = 5 - ─────
                 x
```

Da wir jetzt unsere Gleichung für x haben, isolieren wir die rechte Seite der Gleichung, setzen für x ein und zeichnen.

Eingaben: Zweimal Pfeil nach rechts (um 5-6/x zu markieren), A (für Author), F3 drücken (zum Kopieren), Enter, M (für Manage), S (für Substitute), Enter, Entf drücken (zum Löschen), F3 drücken (zum Kopieren), Enter.

Jetzt müssen wir diese beiden Ausdrücke zeichnen, um zu sehen, wo sie sich schneiden.

Eingaben: W (für Window), S (für Split), V (für Vertical), Enter, F1 drücken (um zum nächsten Fenster zu gehen), W (für Window), D (für Designate), 2 (für 2D-plot), Y (für Yes), P (für Plot).

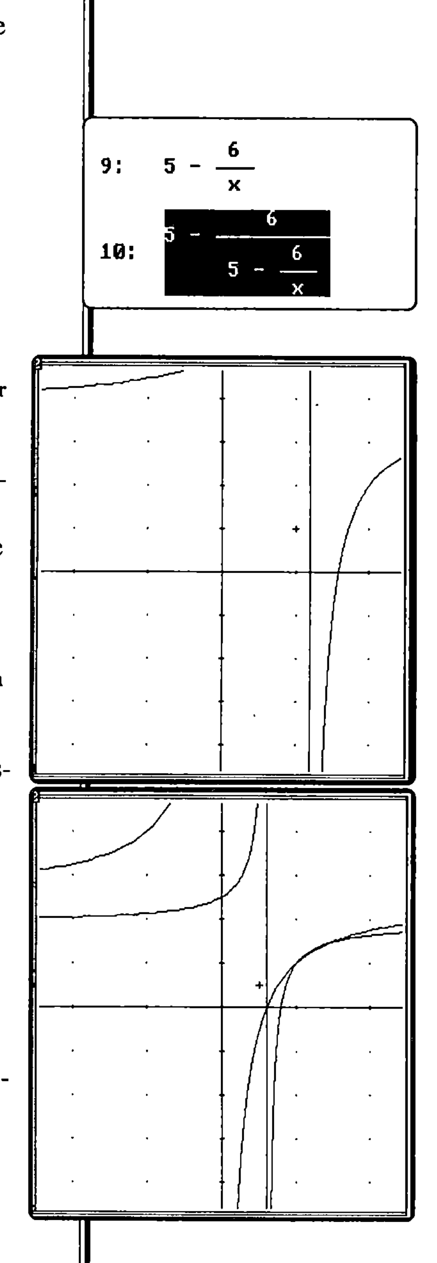

Von diesem Graph kann ich nicht genug sehen, daher schlage ich vor, etwas zu verkleinern und dann den zweiten Graph zu zeichnen (bei Version 1.4 und später erscheint die vertikale Linie in diesen beiden Graphen zum Glück nicht mehr).

Eingaben: F10 drücken (zum Verkleinern), A (für Algebra), Pfeil nach oben (5-6/x markieren), P (für Plot), P (für Plot).

Jetzt setzen wir die sehr effektiven Ziel- und Vergrößerungsmöglichkeiten von *DERIVE* ein, um die interessantesten Punkte auf den Graphen genauer zu untersuchen.

Durch Drücken der Pfeiltasten können wir das Graphik-Kreuz (+) auf dem Graphikbildschirm bewegen. Wenn sich (+) bewegt, sehen Sie, wie sich im linken unteren Bereich ihres Bildschirms die x- und y-Werte je nach Position entsprechend verändern. Bewegen Sie Ihr Graphik-Kreuz (+) mit den Pfeiltasten an die Stelle, wo sich die Graphen offenbar schneiden.

Diesen Teil des Graphen setzen wir in die Mitte unseres Bildschirms.

Eingaben: Pfeil nach rechts und Pfeil nach oben (wo sich die Graphen schneiden), C (für Center), F9 drücken (zum Vergrößern), verwenden Sie die Pfeiltasten (um die Markierung genau auf einen Schnittpunkt zu setzen), F9 erneut drücken, C (für Center).

Wenn ich meine Markierung mit den Pfeiltasten zu den beiden Schnittpunkten hin bewege, finde ich x=2,y=2 an einem Punkt und x=3, y=3 am anderen. Also sind x=2 und x=3 die Wurzeln der Ausgangsgleichung.

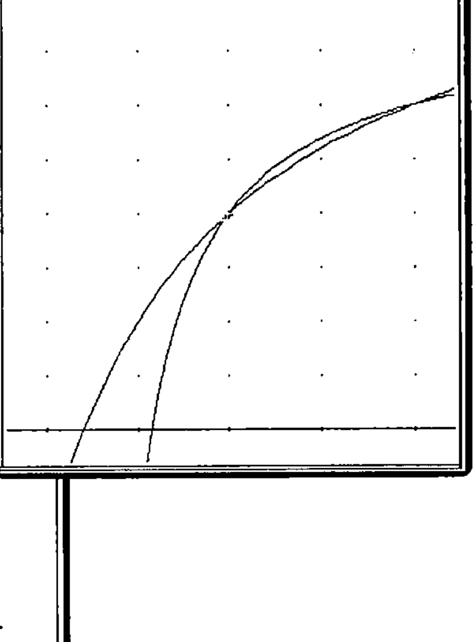

Methode 2. Hier arbeiten wir auf eine Lösung zu, indem wir eine beliebig gewählten Zahl als Startwert verwenden, unseren Funktionswert für diese Zahl berechnen und den Prozeß mit der erhaltenen Zahl wiederholen. Dieser Prozeß wird als Rekursion bezeichnet. Es ist ein wunderbares Verfahren, da wir bei einer falschen Antwort beginnen und uns auf immer bessere Antworten zubewegen. Wir gehen aus von x=5-6/x. Nun wählen wir irgendeine Zahl, etwa 11, setzen diese für x auf der rechten Seite ein und bestimmen das x auf der linken Seite (die x werden in Wirklichkeit zu neuen bzw. alten x). Nehmen Sie nun das Ergebnis für x auf der linken Seite und setzen Sie es auf der rechten Seite ein. Erstaunlicherweise entsteht eine Zahlenfolge, die auf eine Lösung zuläuft.

Eingaben: A (für Algebra), A (für Author), F3 drücken (um 5-6/x zu kopieren), Enter, M (für Manage), S (für Substitute), Enter, Entf um zu löschen, 11 eingeben, Enter, X (für approXimate), Enter, Pfeil nach oben (um 5-6/x zu markieren), M (für Manage), S (für Substitute), Enter, Entf um zu löschen, 4.45454 eingeben, Enter, X (für approXimate), Enter.

Wenn Sie diesen Prozeß fortsetzen, werden Sie eine Zahlenfolge erzeugen, die zu einer Lösung hinführt. Versuchen Sie es! Beginnen Sie mit einer Zahl, die nicht 11 ist, und vollführen Sie den rekursiven Tanz zum Erfolg.

$$9: \quad 5 - \frac{6}{x}$$

$$10: \quad 5 - \frac{6}{5 - \dfrac{6}{x}}$$

$$11: \quad 5 - \frac{6}{x}$$

$$12: \quad 5 - \frac{6}{11}$$

$$13: \quad 4.45454$$

$$14: \quad 5 - \frac{6}{4.45454}$$

$$15: \quad 3.65306$$

Methode 3. Erstellen eines Kettenbruchs

Eingaben: A (für Author), Pfeil nach oben (um 5-6/(5-6/x) zu markieren), F3 drücken (zum Markieren), Enter, M (für Manage), S (für Substitute), Enter, Entf um zu löschen, F3 (zum Kopieren), Enter, …

Wir brauchen mehr Platz: wir schließen das Graphikfenster.

Eingaben: F1 drücken (um ins nächste Fenster zu gehen), W (für Window), C (für Close), Enter, M (für Manage), S (für Substitute), Enter, Entf drücken zum Löschen, F3 (zum Kopieren), Enter, M (für Manage), S (für Substitute), Enter, Entf drücken zum Löschen, 35 eingeben, Enter, X (für approXimate), Enter.

Setzen wir für x die Zahl 35 ein, so ergibt der Ausdruck den Wert 3.03932. Woher kommt die 35? Ich habe sie frei gewählt! Eine zweite Zahl, 211, ergibt 3.04040. Ich wette mit Ihnen: Sie wählen irgendeine Zahl für x, berechnen das Ergebnis in diesem gro-ßen häßlichen Ausdruck und das Ergebnis wird etwa 3 sein. Versuchen Sie es!

$$16:\quad 5 - \cfrac{6}{5 - \cfrac{6}{x}}$$

$$17:\quad 5 - \cfrac{6}{5 - \cfrac{6}{5 - \cfrac{6}{5 - \cfrac{6}{x}}}}$$

$$18:\quad 5 - \cfrac{6}{5 - \cfrac{6}{5 - \cfrac{6}{5 - \cfrac{6}{5 - \cfrac{6}{5 - \cfrac{6}{5 - \cfrac{6}{x}}}}}}}$$

$$19:\quad 5 - \cfrac{6}{5 - \cfrac{6}{5 - \cfrac{6}{5 - \cfrac{6}{5 - \cfrac{6}{5 - \cfrac{6}{5 - \cfrac{6}{5 - \cfrac{6}{35}}}}}}}}$$

$$20:\quad 3.03932$$

Und 3 ist eine Lösung der ursprünglichen Gleichung. Toll!

Die folgenden vier Methoden zeigen, wie man gewöhnlich
vorgeht, um eine quadratische Gleichung zu lösen.
DERIVE kann gewöhnliche wie auch ungewöhnliche
Methoden anwenden.

Methode 4. Zeichnen Sie $y=x^2-5x+6$. Die x-Werte, wo der
Graph die x-Achse schneidet, sind die Zahlen, die die Gleichung lösen.

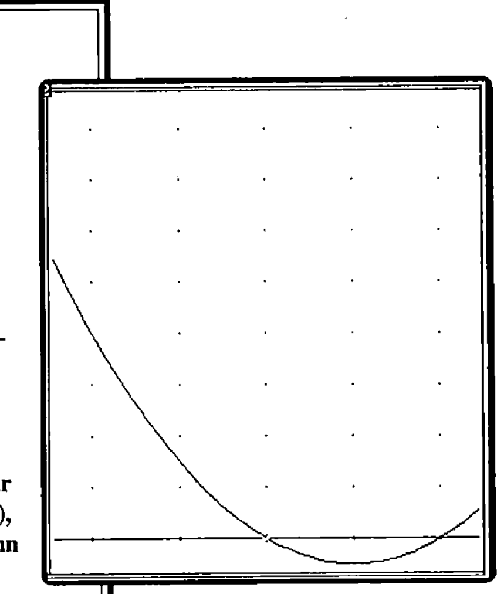

**Eingaben: W (für Window), S (für Split), V (für Vertical), Enter, F1
drücken (um zum nächsten Fenster zu gehen), W (für Window), D (für
Designate), 2 (für 2D-plot), y (für yes), A (für Algebra), A (für Author),
x^2-5x+6 eingeben, Enter, P (für Plot), P (für Plot), F10 drücken, wenn
Sie vom Graph nicht genug sehen können.**

Methode 5. Lösen Sie $x^2-5x+6=0$ direkt, d.h. mittels des Befeh-
les soLve.

**Eingaben: A (for Algebra), A (for Author), F3 drücken (to copy x²-
5x+6), =0 eingeben, Enter, L (for soLve), Enter.**

Methode 6. Faktorisieren Sie $x^2-5x+6=0$, setzen Sie jeden
Faktor gleich 0 und lösen Sie auf.

**Eingaben: A (für Author), x^2-5x+6 eingeben, Enter, F (für Factor),
Enter, R (für Rational), Pfeil nach links (um x-3 zu markieren), A (für
Author), F3 drücken (zum Kopieren), =0 eingeben, Enter, L (für soLve),
Enter, Pfeil nach oben (um(x-3)(x-2) zu markieren), Pfeil nach rechts
zweimal (um x-2 zu markieren), A (für Author), F3 drücken (zum
Kopieren), =0 eingeben, Enter, L (für soLve), Enter.**

Methode 7. Verwenden Sie die Quadratformel, um die quadratische Gleichung $x^2-5x+6=0$ zu lösen.

Eingaben: A (für Author), ax^2+bx+c=0 eingeben, Enter, L (für soLve), Enter, Enter, Pfeil nach oben einmal, M (für Manage), S (für Substitute), Enter, Enter (um x zu überspringen), Entf zum Löschen, 1 eingeben (für a), Enter, Entf drücken um zu löschen, -5 eingeben (für v), Enter, Entf eingeben um zu löschen, 6 eingeben (für c), Enter, S (für Simplify), Enter.

Dies ergibt die Lösung x=2. Wenn Sie die analogen Substitutionen im anderen Ausdruck durchführen, erhalten Sie die zweite Lösung.

Eine letzte Art für *DERIVE*, $x^2 - 5x + 6 = 0$ zu lösen, besteht in einer mehr automatisierten Methode, die der Methode 1 ähnelt. Das Kommando iterates erstellt eine Liste von Zahlen oder Ausdrücken, die sich aus der Substitution eines Wertes (oder Ausdrucks) für eine Variable ergeben, woraus das Ergebnis berechnet und dann wieder eingegeben wird.

$$1: \quad a\,x^2 + b\,x + c = 0$$

$$2: \quad x = -\frac{\sqrt{(b^2 - 4\,a\,c)} + b}{2\,a}$$

$$3: \quad x = \frac{\sqrt{(b^2 - 4\,a\,c)} - b}{2\,a}$$

$$4: \quad x = -\frac{\sqrt{((-5)^2 - 4\,1\,6)} + -5}{2\,1}$$

$$5: \quad x = 2$$

Eingaben: A (für Author), iterates(5-6/x, x, 1.8, 6) eingeben, Enter, X (für approX), Enter.

$$1: \quad \text{ITERATES}\left[5 - \frac{6}{x},\ x,\ 1.8,\ 9\right]$$

$$2: \quad [1.8,\ 1.66666,\ 1.4,\ 0.714285,\ -3.4,\ 6.76470,\ 4.11304,\ 3.54122,\ 3.30567,\ 3.18493]$$

Machen Sie die letzte Zahl schrittweise größer. Wenden Sie dann approX an, ohne das letzte Argument anzugeben. Probieren Sie auch die Funktion **iterate** aus, der keine Liste sondern den n-ten Term erzeugt.

Ein Blick in die Geschichte hat mir oft geholfen, die Mathematik zu verstehen, die ich gerade studierte. Das trifft nirgendwo mehr zu als bei den komplexen Zahlen. Zuerst einmal ist der Name ein Problem - komplexe Zahlen. Er klingt sehr schwierig - etwas, das nur Gauss oder Riemann oder von Neumann verstehen könnten.

Wir werden nun sehen, ob das stimmt. Früher konnten Leute eine Gleichung wie 3+x = 12 lösen, indem Sie für x die Zahl 9 setzten, wodurch sich die wahre Aussage 3+9 = 12 ergab. Bei x+5 = 2 gab es jedoch lange Zeit keine Lösung. Erst als die negativen Zahlen entdeckt und anerkannt waren, konnte eine Lösung wie -3 existieren. -3+5 = 2 ist eine wahre Aussage. Für mich ist es schwer verständlich, aber bis zum 17. Jahrhundert waren negative Zahlen in das reelle Zahlensystem nicht völlig integriert. Zwischen dieser historischen Erfahrung und der Erfindung und dem Anerkennen der komplexen Zahlen besteht ein direkte Analogie.

Wenn wir $x^2 = 25$ lösen, stellen wir zwei Lösungen fest, 5 oder -5. Wir können das durch eine Untersuchung erkennen oder indem wir nachsehen, wo der Graph dieser Funktion die x-Achse kreuzt. Eine andere Möglichkeit wäre der Befehl soLve in *DERIVE*.

Eingaben: A (für Author), x^2=25 eingeben, Enter, L (für soLve), Enter.

Versuchen Sie, $x^2 = 4$ oder $x^2 = 1$ durch Ausprobieren und mit *DERIVE* zu lösen. In beiden Fällen sind die Lösungen einfach. Versuchen Sie dann $x^2 = -1$. Es könnte so aussehen, als wären 1 oder -1 die einzigen Kandidaten. Aber $1^2 = 1$ und $(-1)^2 = 1$. Es scheint also keine Lösung zu geben. Lassen Sie *DERIVE* versuchen.

Eingaben: A (für Author), x^2=-1 eingeben, Enter, L (für soLve), Enter.

$$1: \quad x^2 = 25$$
$$2: \quad x = 5$$
$$3: \quad x = -5$$

$$4: \quad x^2 = -1$$
$$5: \quad x = \hat{\imath}$$
$$6: \quad x = -\hat{\imath}$$

DERIVE gibt zwei Lösungen an, von denen keine wie das aussieht, was die längste Zeit in unserer Geschichte als Zahl bezeichnet wurde. Wir wollen diese beiden Lösungen testen.

> **Eingaben: Zweimal Pfeil nach oben (um x^2=-1 zu markieren), M (für Manage), S (für Substitute), Enter, Pfeil nach unten (um x=î zu markieren), Pfeil nach rechts einmal oder zweimal (um î zu unterlegen), Entf zum Löschen drücken, F3 drücken (um den markierten Ausdruck zu kopieren), Enter, S (für Simplify), Enter.**

$$7: \quad \hat{\imath}^2 = -1$$
$$8: \quad -1 = -1$$

Also scheint î zu funktionieren. Probieren wir jetzt -î.

> **Eingaben: Pfeil nach oben viermal drücken (um x^2=-1 zu markieren), M (für Manage), S (für Substitute), Enter, zweimal Pfeil nach unten (um x=-î zu markieren), zweimal Pfeil nach rechts (um -î zu markieren), Entf zum Löschen drücken, F3 drücken (um den markierten Ausdruck zu kopieren), Enter, S (für Simplify), Enter.**

$$9: \quad (-\hat{\imath})^2 = -1$$
$$10: \quad -1 = -1$$

Hier sind zwei Lösungen für ein Problem, das jahrtausendelang keine Lösung hatte. Um 1800 tauchte diese Idee gerade auf, und um 1900 war sie von vielen akzeptiert.

Unglücklicherweise wurden diese neuen Zahlen als imaginäre Zahlen bezeichnet, was ihnen ein unnötiges mystisches Flair verlieh. Wenn wir in der Zeit zurückschauen, ist die Erfindung von 3 oder -5 oder 2/3 oder 0 noch erstaunlicher als die Erfindung der imaginären Zahlen.

In mancherlei Hinsicht sind alle "Zahlen" "imaginär", was bedeutet, daß sie Dinge sind, die wir in unserem Kopf erfinden und sie mit Teilen der Welt in Verbindung bringen.

Praktisch veranlagte Menschen fragen sich manchmal, inwieweit der Mathematiker mit der Realität verbunden ist. Wenn wir Porsche zählen, dann funktionieren Zahlen wie 1, 2, 3 recht gut: wir reden nicht oft über 2 1/2 Porsche oder -2 Ferraris. Zahlen wie 1, 2, 3 können diese Aufgabe recht gut erfüllen.

Wenn ich jedoch eine Kinokarte kaufe, brauche ich vielleicht 4 1/2 Dollar oder wenn ich Ihnen Geld schulde, könnten wir von -10 Dollar reden (oder das mit mehreren Milliarden multiplizieren - dem momentanen Außenhandelsdefizit der USA).

Imaginäre Zahlen wie i oder $5i$ und komplexe Zahlen wie $3+2i$ werden alle angemessen physikalisch dargestellt, genauso wie andere Zahlen. Sie werden von praktischen Menschen wie von Elektroingenieuren und Physikern täglich verwendet (bisher jedoch noch nicht von selbst den kreativsten Buchhaltern).

Wir wollen diese neuen Wesen erforschen, indem wir die Potenzen von i untersuchen.

Eingaben: A (für Author), Alt-Taste gedrückt halten und i eingeben, Enter.

Eingaben: A (für Author), Alt-Taste gedrückt halten und i eingeben, Shift-Taste gedrückt halten und 6 eingeben (für ^), 2 eingeben, Enter, S (für Simplify), Enter.

```
11:  i
          2
12:  i
13:  -1
```

Also ist $i^1 = i$ und $i^2 = -1$. Versuchen Sie nun i^3 und i^4. Raten Sie, wie das Ergebnis der Anwendung von Simplify aussieht. Fahren Sie fort und halten Sie nach Mustern Ausschau. Was ist i^{10} ? Machen Sie aus Ihrer Erfahrung heraus Vorhersagen. Was ist i^{17} ?

Versuchen Sie $i^4, i^8, i^{12}, i^{16} \ldots$

Probieren Sie $i^2, i^6, i^{10} \ldots$

Was ist i^{100} ? i^{101} ? i^{99} ?

Und was ist $i^{(-1)}$? $i^{(-2)}$? $i^{(-3)}$? $i^i, i^{(2i)}, i^{(3i)} \ldots$

Da Sie jetzt mit den ganzzahligen Potenzen von i und deren entsprechenden Mustern vertraut sind, können wir dieselbe Idee mit den Potenzen der komplexen Zahl $1+i$ ausprobieren.

Eingaben: A (für Author), (1+ eingeben, Alt Taste festhalten und i eingeben,)^1 eingeben, Enter, S (für Simplify), Enter.

Daher ist $(1+\hat{\imath})^1 = 1+\hat{\imath}$.

Eingaben: A (für Author), (1+ eingeben, Alt Taste gedrückt halten und i eingeben,)^2 eingeben, Enter, S (für Simplify), Enter.

Hier ist ein anderer Fall, in dem *DERIVE* zu schnell und leistungsfähig ist, als das wir sehen könnten, was geschieht. Welche Regel benutzt *DERIVE*, um komplexe Zahlen zu multiplizieren?

Wir werden $(1+a)^2$ ausmultiplizieren und dann $\hat{\imath}$ einsetzen, um die Einzelheiten zu sehen.

Eingaben: A (für Author), (1+a)^2 eingeben, Enter, E (für Expand), Enter.

Also ist $(1+a)^2 = a^2+2a+1$ und wir können $\hat{\imath}$ für a einsetzen.

Eingaben: M (für Manage), S (für Substitute), Enter, Alt-Taste gedrückt halten und i eingeben, Enter, Pfeil nach links (um $\hat{\imath}^2$ zu markieren), S (für Simplify), Enter.

Das macht Sinn, da $\hat{\imath}^2 = -1$ ist. Jetzt vereinfachen wir den gesamten Ausdruck.

Eingaben: S (für Simplify), Enter.

Probieren wir $(1+\hat{\imath})^3$ aus.

Eingaben: A (für Author), (1+ eingeben, Alt-Taste gedrückt halten und i eingeben,)^3 eingeben, Enter, E (für Expand), Enter.

$$14: \quad (1 + \hat{\imath})^1$$
$$15: \quad 1 + \hat{\imath}$$

$$16: \quad (1 + \hat{\imath})^2$$
$$17: \quad 2\,\hat{\imath}$$

$$18: \quad (1 + a)^2$$
$$19: \quad a^2 + 2\,a + 1$$

$$20: \quad \hat{\imath}^2 + 2\,\hat{\imath} + 1$$
$$21: \quad -1 + 2\,\hat{\imath} + 1$$
$$22: \quad 2\,\hat{\imath}$$

$$23: \quad (1 + \hat{\imath})^3$$
$$24: \quad -2 + 2\,\hat{\imath}$$

Wir verwenden unseren Zeitlupentrick . . .

Eingaben: A (für Author), (1+a)^3 eingeben, Enter, E (für Expand), Enter, M (für Manage), S (für Substitute), Enter, halten Sie die Alt-Taste gedrückt und geben Sie i ein, Enter, Pfeil nach rechts (um i³ zu markieren), S (für Simplify), Enter, S (für Simplify), Enter.

```
25:   (1 + a)³

26:   a³ + 3 a² + 3 a + 1

27:   î³ + 3 î² + 3 î + 1

28:   - î + 3 î² + 3 î + 1

29:   -2 + 2 î
```

Dieser Zeitlupenablauf kann in vielen Situationen hilfreich sein. *DERIVE* kann uns darin unterstützen, genügend Einzelheiten zu untersuchen, damit wir tatsächlich auch Mathematik lernen und nicht nur einfach akzeptieren, was auf dem Bildschirm erscheint. *DERIVE* kann Antworten schnell geben oder langsam machen, um den Prozeß anschaulich zu zeigen. Wir fahren, und deshalb müssen wir das Tempo wählen, das zu unseren momentanen Zielen paßt.

Man scheint das Muster für $(1+\hat{\imath})^n$ nicht so leicht verfolgen zu können wie für $\hat{\imath}^n$. Erinnern Sie sich, daß $\hat{\imath}^1 \ldots \hat{\imath}^8$ zu $\hat{\imath}$, -1, -$\hat{\imath}$, 1, $\hat{\imath}$, -1, -$\hat{\imath}$, 1 vereinfacht wurden. Wir sollten so etwas bei $(1+\hat{\imath})^n$ erwarten, wenn auch nicht genau dasselbe. Zu Beginn bestimmen wir $(1+\hat{\imath})^n$ für n von 1 bis 4:

$$(1+\hat{\imath})^1 = 1+\hat{\imath} \qquad (1+\hat{\imath})^2 = 0+2\hat{\imath}$$

$$(1+\hat{\imath})^3 = -2+2\hat{\imath} \qquad (1+\hat{\imath})^4 = -4+0\hat{\imath}$$

Diese Form wird als Kartesische Form oder als Standardform für komplexe Zahlen bezeichnet. Diese Darstellungsform hat folgenden Vorteil. Wir haben geordnete Paare, die wir uns als Punkte in der x-y-Ebene vorstellen können. Um uns zu orientieren, werden wir zunächst $\hat{\imath}^n$ als Graph auffassen und zeichnen. Dann werden wir $(1+\hat{\imath})^n$ zeichnen. Zuerst erstellen wir ein Graphikfenster.

Eingaben: W (für Window), S (für Split), V (für Vertical), Enter, F1 drücken (um ins nächste Fenster zu wechseln), W (für Window), D (für Designate), 2 (für 2D-plot), y (für yes).

Jetzt haben wir ein Graphikfenster und können $\hat{\imath}^n$ zeichnen.

Eingaben: A (für Algebra), A (für Author), [re(, eingeben, Alt-Taste gedrückt halten und i eingeben, ^n), im(eingeben Alt-Taste gedrückt halten und i eingeben, ^n)] eingeben, Enter.

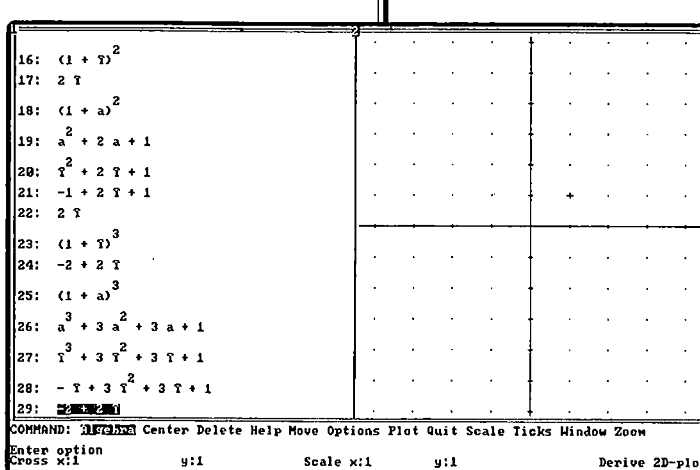

So können wir den sogenannten Realteil von $\hat{\imath}^n$ herausziehen und ihn als die erste Zahl eines geordneten Paares reeller Zahlen auffassen, und dann den Imaginärteil (den Koeffizienten von $\hat{\imath}$) als die zweite Zahl herausziehen. Die eckigen Klammern sorgen dafür, daß die Punkte gezeichnet werden. Der ganze Ausdruck wird als Parameterform bezeichnet.

Eingaben: P (für Plot), S (für Scale), 1 eingeben, Tab, 1 eingeben, Enter, P (für Plot), Entf gedrückt halten um zu löschen, 0 eingeben, Tab, halten Sie die Entf-Taste um zu löschen, 4 eingeben, Enter.

(Sie sollten übrigens einen schönen Kreis erhalten. Wenn Sie eine Ellipse oder ein Oval erhalten, verändern Sie Ihre Ticks auf 8 und 8 oder andere Zahlen, bis der Kreis richtig ist. Monitore sind unterschiedlich und mit Ticks können Sie Anpassungen vornehmen.

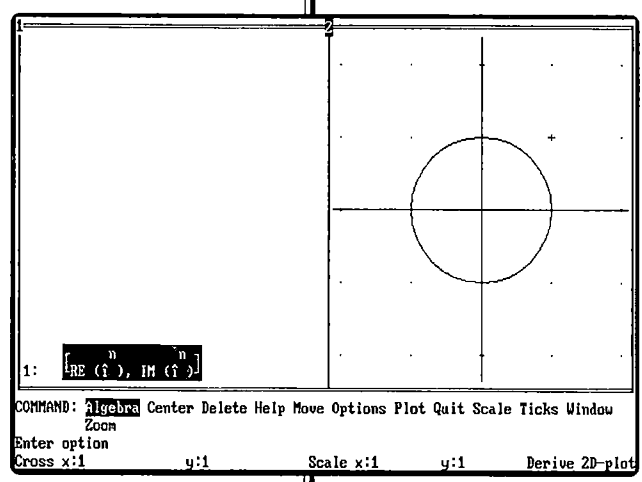

Hier sind nun sehr viele Punkte erzeugt worden mit Zahlenwerten für n, die zwischen 0 und 4 liegen. Wenn wir nur n = 1, 2, 3, 4 zeichnen würden, würden wir vier Punkte erhalten, die auf einem Kreis zu liegen kommen. Wir werden dieses wichtige Merkmal des *DERIVE* Zeichenprogramms in Kapitel 9 einsetzen.

Wie steht es mit dem Graph $(1+\hat{\imath})^n$?

Eingaben: D (für Delete), A (für All), S (für Scale), Entf eingeben um zu löschen, 8 eingeben, Tab, Entf drücken um zu löschen, 6 eingeben, Enter, A (für Algebra), A (für Author), [re((1+ eingeben, Alt-Taste gedrückt halten und i eingeben,)^n), im((1+ eingeben, Alt-Taste gedrückt halten und i eingeben,)^n)] eingeben, Enter, P (für Plot), P (für Plot), Tab, Entf drücken um zu löschen, 8 eingeben, Enter.

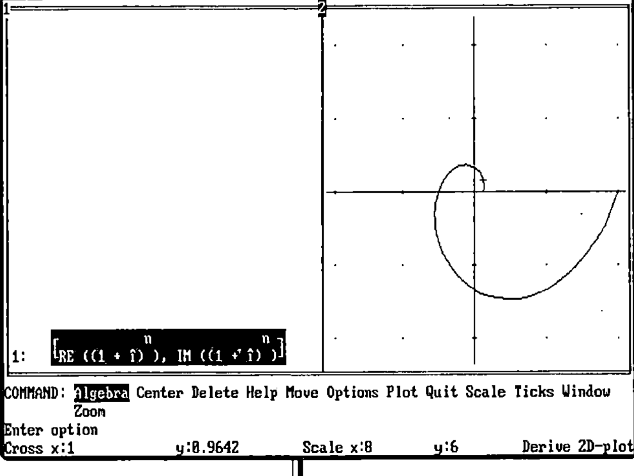

Also ist $\hat{\imath}^n$ ein hübscher Kreis mit Radius 1 und Mittelpunkt (0,0), und $(1+\hat{\imath})^n$ ist eine sich allmählich ausdehnende schöne glatte Kurve, die man als Spirale bezeichnet. Man kann sich einen Kreis als eine Spirale vorstellen, deren Radius sich nicht verändert. Eine Spirale kann man sich als Kreis denken, dessen Radius sich verändert.

Der Befehl für den Realteil einer Zahl ist re und der entsprechende Begriff für den Imaginärteil ist im. Diese Befehle können beim Zeichnen viele Möglichkeiten bieten.

Die **Arcussinus** Funktion kann interessant sein. Ich lese sie als "der Bogen, dessen Sinus gleich x ist". Arcsin(1/2) ist der Bogen, dessen Sinus gleich 1/2 ist; π/6 oder 30 Grad wären korrekt. Wir wollen uns den Graph von arcsin(x) ansehen.

Eingaben: A (für Algebra), A (für Author), asinx eingeben, Enter, P (für Plot), D (für Delete), A (für All), S (für Scale), Entf gedrückt halten um zu löschen, 1 eingeben, tab, Entf gedrückt halten um zu löschen, 1 eingeben, p (für Plot).

Dieser Graph kam mir immer seltsam abgeschnitten vor. Wo ist der Rest? Schauen wir uns um.

Eingaben: A (für Algebra), A (für Author), re(asinx) eingeben, Enter, P (für Plot), P (für Plot).

Die ursprüngliche Kurve arcsin(x) wurde von einer Kurve überzeichnet, die rechts und links vom Original flach verläuft. Wie sieht der Imaginärteil dieser Kurve aus? ˋ

Eingaben: A (für Algebra), A (für Author), im(asinx) eingeben, Enter, P, P.

Der Imaginärteil kommt im Vergleich zum Realteil aus der entgegengesetzten Richtung und geht auch in die entgegengesetzte Richtung. Er ist 0 im Bereich unserer Originalkurve. Ich bin sehr erfreut über diese Bilder, weil sie mir recht neu sind und ich sie eigentlich zufällig wiederentdeckt habe, als ich mit Befehlskombinationen von *DERIVE* experimentierte.

Wie sieht die Zeichnung von re(sin(x+xî)) aus? Wir werden uns den Sinus der komplexen Zahlen wie -2-2î und -1-î und 3+3î und dann nur den Realteil des Sinus dieser Zahlen ansehen. Probieren Sie! Überlagern Sie mit im(sin(x+xî)) und vergleichen Sie. Haben die Graphen so ausgesehen, wie Sie es erwartet haben? Versuchen Sie im(sin(x+î)) und im(sin(x+2î)). Geben Sie den Vektor (im(sin(x+k*î)), k, 4) ein. Vergessen Sie nicht zu vereinfachen (**Simplify**), bevor Sie zeichnen.

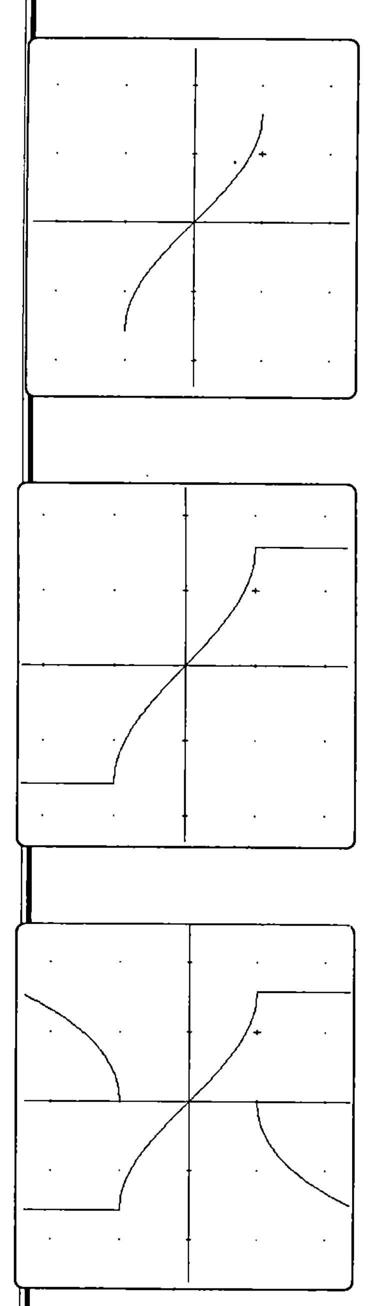

Einer der einfachsten Wege, viel Trigonometrie zu lernen,
besteht darin, sich auf die grundlegenden Merkmale eines
Kreises mit Radius 1 zu konzentrieren, dem sogenannten
Einheitskreis.

Zuerst legen wir zwölf Punkte fest, die auf einem solchen Kreis
gleichmäßig verteilt liegen. Gewöhnlich wählt man den Punkt
ganz rechts als Ausgangspunkt und mißt den zur x-Achse gegen
den Uhrzeigersinn. Da ein Kreis 360 Grad hat, liegt der Punkt
ganz rechts bei 0 Grad, der nächste bei 30 Grad gegen den
Uhrzeigersinn, der folgende bei 60 Grad und 90 Grad bis hin zu
360 Grad, womit wir wieder beim ersten Punkt sind. Mit diesem
einfachen Bild können wir viel Trigonometrie entwickeln.

**Eingaben: A (für Author),
[cos(xdeg), sin(xdeg)] eingeben,
Enter, W (für Window), S (für
Split), V (für Vertical), Enter, F1
drücken (um zum nächsten
Fenster zu wechseln), W (für
Window), D (für Designate), 2
eingeben (für 2D-plot), y (für yes),
P (für Plot), Entf-Taste gedrückt
halten um zu löschen, 0 eingeben,
Tab, Entf drücken um zu löschen,
360 eingeben, Tab, S (für Step), 13
eingeben, Enter.**

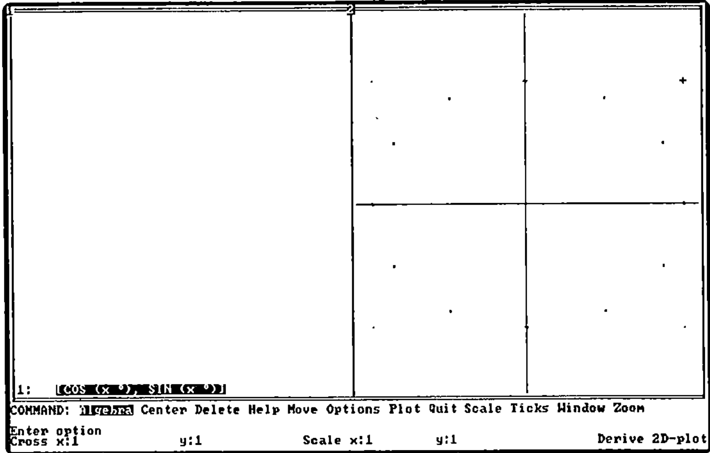

Wenn Ihre Punkte nicht gleichmäßig auf einem unsichtbaren
Kreis verteilt sind, drücken Sie
T für **Ticks** und verändern Sie
die Zeilen- und Spaltenzahlen, bis die Punkte richtig aussehen.
Auf meinem Toshiba T-1000 funktioniert 9 und 9 sehr gut. Für
einen Computer mit einer Herkules-Karte ist 12 und 20 eine
gute Wahl. Stellen Sie auch sicher, daß der Maßstab für x und y
gleich 1 ist. Wenn nicht, drücken Sie S und verändern Sie die
Einstellung.

Setzen Sie jetzt das Graphik-Kreuz (+) in das Graphikfenster, indem Sie die Pfeiltasten drücken. (Wenn sich das Kreuz (+) nicht bewegt, drücken Sie F1, um ins Graphikfenster zu kommen). Bewegen Sie das Graphik-Kreuz (+) auf den ersten Punkt von der Mitte rechts hinauf zum ersten Punkt (30 Grad). Wenn ich das mache, lese ich für x (links unten im Bild) .8687 ab und für y .5. Ihre Daten können etwas abweichen, was von Ihrem Monitor abhängt und/oder davon, wie nahe Sie die Markierung an den 30 Grad Punkt auf dem Kreis heranbringen. Wir wollen diese Werte mit dem sin(30 deg) und cos(30 deg) vergleichen.

Eingaben: A (für Algebra), A (für Author), sin(30deg) eingeben, Enter, S (für Simplify), Enter, A (für Author), cos(30deg) eingeben, Enter, S (für Simplify), Enter, X (für approXimate), Enter, F1 drücken (um das Graphikfenster zu bewegen).

```
1:    [COS (x °), SIN (x °)]
2:    SIN (30 °)
       1
3:    ---
       2
4:    COS (30 °)
      √3
5:    ---
       2
6:    0.866025
7:    SIN (60 °)
      √3
8:    ---
       2
9:    0.866025
10:   COS (60 °)
       1
11:   ---
       2

COMMAND: Algebra Center Delete Help Move Options Plot Quit Scale Ticks Window Zoom
Compute time: 0.1 seconds
Cross x:0.5        y:0.875        Scale x:1        y:1        Derive 2D-plot
```

So können wir sehen, daß der x-Wert unseres Punktes bei 30 Grad .8687 beträgt, was fast identisch ist mit cos(30 deg) und der y-Wert dieses Punktes ist genau gleich dem sin(30 deg). Bewegen Sie das Graphik-Kreuz zum nächsten Punkt (60 Grad). Für x lese ich 0.5 und für y 0.875 ab. Wir prüfen die Zahlen:

Eingaben: A (für Algebra), A (für Author), sin(60deg) eingeben, Enter, S (für Simplify), Enter, X (für approXimate), Enter, A (für Author), cos(60deg) eingeben, Enter, S (für Simplify), Enter, F1 (um ins Graphikfenster zu gehen).

Wir sehen, daß sin(60deg) dem y-Wert bei 60 Grad und cos(60 deg) dem x-Wert bei 60 Grad fast genau gleicht. Die x und y-Werte stellen die senkrechten Abstände von den Achsen zu dem 60 Grad Punkt auf unserem Einheitskreis dar.

Wenn wir diese beiden Ideen miteinander verbinden, sehen wir, daß Sinus und Kosinus eines Bogens nur "ulkige" Namen für die x-und y-Koordinaten des Punktes auf einem Einheitskreis (mit dem Mittelpunkt (0,0)) mit diesem Bogenabstand vom 0Grad-Punkt des Kreises sind.

Da der Kreis auf dem Bildschirm einen Radius von 1 hat, muß sin(90 deg)=1 sein; probieren Sie es! Was ist sin(270 deg)? cos (180 deg)? Haben Sie bemerkt, daß sin(30 deg) gleich cos(60 deg) ist? Können Sie das Ergebnis aus den Punkten auf dem Kreis ersehen? Vergleichen Sie sin(60 deg) und sin(120 deg). Vergleichen Sie sin(30 deg) und sin(-30 deg). Und auch cos (30 deg) und cos(-30 deg). Welcher Zusammenhang besteht zwischen sin(x) und sin(-x)? Sehen Sie sich die Punkte auf dem Kreis an und versuchen Sie, diese Fragen zu beantworten und auch das Algebrafenster zu benutzen.

Eingaben: A (für Algebra), A (für Author), sin(-x) eingeben, Enter, S (für Simplify), Enter.
Eingaben: A (für Author), cos(-x) eingeben, Enter, S (für Simplify), Enter.

Es ist möglich, von *DERIVE* die Segmente zeigen zu lassen, die Sinus und Cosinus der Punkte des Kreises darstellen:

Eingaben: A (für Author), geben Sie alles folgende in den eckigen Klammern sowie das Komma ein: [cos(30deg), x sin(30deg)], Enter, P (für Plot), P (für Plot), Entf gedrückt halten bis gelöscht, 0 eingeben, Tab, Entf gedrückt halten bis gelöscht, 1 eingeben, Tab, C (für Continuous), Enter.

```
2:    SIN (30 °)

        1
3:    ─────
        2

4:    COS (30 °)

        √3
5:    ─────
        2

6:    0.866025
7:    SIN (60 °)

        √3
8:    ─────
        2

9:    0.866025
10:   COS (60 °)

        1
11:   ─────
        2

12:   SIN (- x)
13:   - SIN (x)
14:   COS (- x)
15:   COS (x)
16:   [COS (30 °), x SIN (30 °)]

COMMAND: Algebra Center Delete Help Move Options Plot Quit Scale Ticks Window Zoom
Enter option
Cross x:0.5          y:0.875          Scale x:1          y:1          Derive 2D-plot
```

Dieses Segment stellt sin(30 deg) dar. Versuchen Sie mit
sin(150 deg) und sin(60deg) und sin(-60deg) und . . .
Um cos(30 deg) darzustellen:

Eingaben: A (für Algebra), A (für Author), [x cos(30deg), sin(30deg)] eingeben, Enter, P (für Plot), P (für Plot), Enter.

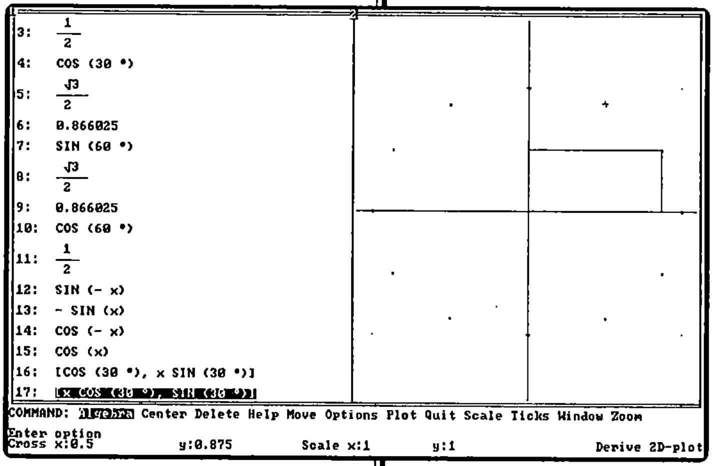

Versuchen Sie cos(-30 Grad),

    cos(150 Grad),
    cos(300 Grad),
    cos(780 Grad).

Aufgrund unserer so gemachten Erfahrungen formulieren wir folgende trigonometrische Gesetzmäßigkeiten (d.h. Gleichungen, die für alle erlaubten Substitutionen von x wahr sind):
cos(x+360deg) = cos(x)

sin(x) = -sin(-x)   cos(-x) = cos(x)

sin(x) + sin(x) ist nicht gleich sin(2x)

sin(x) = sin(180deg-x)   sin(x)/cos(x) = tan(x)

sin(x+180deg) = -sinx

sec(x) = 1/cos(x)

Entwickeln Sie viele eigene Aussagen. Untersuchen Sie den Einheitskreis auf Hinweise. Machen Sie viele Fehler und Sie werden lernen.

Bisher haben wir unsere Positionen auf dem Einheitskreis in Grad gemessen, wobei 360 Grad eine Umdrehung beschreibt. Eine zweite Möglichkeit, Positionen auf einem Einheitskreis zu messen, besteht darin, die tatsächliche Entfernung von einem festen Bezugspunkt auf dem Kreis aus zu messen (gewöhnlich ganz rechts außen). Da der Umfang jedes Kreises 2p mal Radius beträgt, und da nach Definition der Umfang eines Einheitskreises 1 ist, beträgt die Entfernung um einen Einheitskreis 2p. Da p etwa 3.14 ist, ist der Umfang etwa 6.28. Wenn wir Positionen auf einem Einheitskreis über die Entfernung messen, wird die Einheit als Bogenmaß bezeichnet. 1 im Bogenmaß ist etwa 1/6 des Weges um den Kreis herum oder etwa 60 Grad: 2p geht einmal um den Kreis herum, daher muß es dasselbe sein wie 360 Grad.

Die folgenden Eingaben konstruieren einen vollständigen Einheitskreis, wobei anstelle von Gradmaß das Bogenmaß verwendet wird:

Eingaben: Drücken Sie F1 um ins Graphikfenster zu kommen (wenn notwendig), D (für Delete), A (für All), A (für Algebra), A (für Author), [cosx,sinx] eingeben, Enter, P, P, Entf-Taste gedrückt halten bis gelöscht, 0 eingeben, Tab, Del drücken zum Löschen, 2 eingeben, Alt-Taste gedrückt halten und P eingeben (für p), Tab, C (für Continuous), Enter.

Wenn wir sin(x) or cos(2x) ohne deg in der Klammer verwenden, dann verwenden wir automatisch das Bogenmaß. 0 bis 2p ergibt so einen vollständigen Kreis. Wenn wir das Gradmaß verwenden wollen, benutzen wir sin(xdeg) oder cos(2xdeg) und 0 bis 360 ist ein ganzer Kreis.

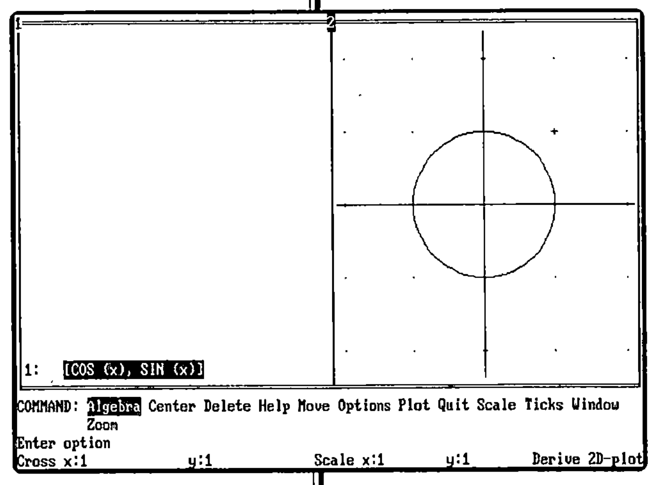

Die folgenden Vorschläge sollen Ihnen dabei helfen, mit dem Bogenmaß in *DERIVE* umzugehen.

Eingaben: F1 für das Graphikfenster, wenn Sie sich nicht schon dort befinden, D (für Delete), A (für All), P (für Plot), Tab, Entf einmal drücken, um die 2 zu entfernen, Enter.

Indem wir von 0 bis p zeichnen ließen, haben wir einen halben Kreis konstruiert, so als ob wir von 0 Grad auf 180 Grad gegangen wären. Daher sollte sin(180deg) dasselbe wie sin(p) sein.

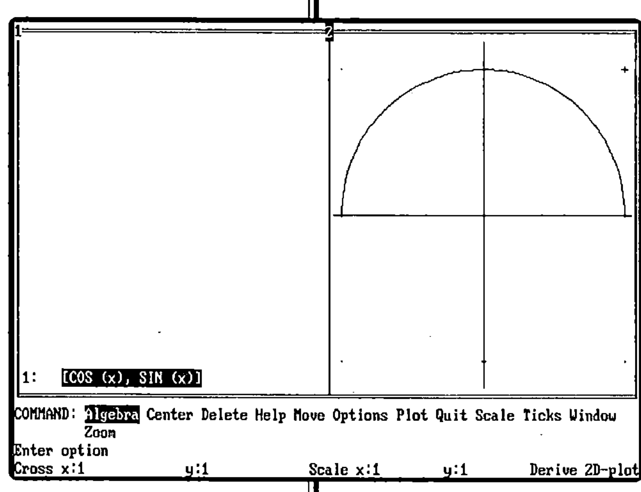

Eingaben: A (für Algebra), A (für Author), sin(180deg)=sin(eingeben, jetzt die Alt-Taste gedrückt halten und P drücken (for p),) eingeben, Enter, S (für Simplify), Enter.

Wie sieht es aus mit cos(90deg) = cos(p/2), oder sin(1.5p) = sin(270deg), oder cos(2p+p) = cos((360+180)deg)? Ist sin(3) < sin(2) oder ist es sin(2) < sin(3)?

Wenn S für **Simplify** Ihren Ausdruck nicht in Ihre gewünschte Zahl umwandelt, verwenden Sie X für **approXimate**.

Gelegenheiten zum Üben:

Gilt sin((30deg) + (60deg)) = sin(30deg) + sin(60deg)? Betrachten Sie den Einheitskreis, um zu verstehen, was geschieht. Suchen Sie Beispiele, in denen sich Ihre Erwartung als falsch erweist. Löschen Sie ihren Graphikbildschirm und zeichnen Sie [cos(x), sin(x)] von 0 bis p/6; von 0 bis 2p/6; von 0 bis 3p/6 . . .

Versuchen Sie, dasselbe Ergebnis mit [cos(xdeg), sin(xdeg)] zu erhalten. Verwenden Sie **Delete All** bevor Sie einen neuen Graph beginnen.

Gilt sin(2deg) = cos(2deg)? Betrachten Sie den Einheitskreis, um zu sehen, warum die Seiten nicht gleich sind. Können Sie ein x finden, so daß sin(2deg) = cos(xdeg) erfüllt ist? Können Sie mehr als einen Wert für x finden? Für welches x ist sin(3deg) = cos(xdeg)?   sin(4deg) = cos(xdeg)? Können Sie diese Erfahrung so verallgemeinern, daß sie für jedes k ein x in sin(kdeg) = cos(xdeg) voraussagen können?

Welche der folgenden Aussagen sind wahr? Wenn eine Aussage falsch ist, dann bearbeiten Sie sie so, daß sie wahr wird. Wenn sie wahr ist, dann erfinden Sie mehr solcher Beispiele.

sin(91deg) = sin(89deg)

cos(179deg) = cos(1deg)

sin(p/6) = sin(13p/6) = sin(25p/6) = sin(37 p/6)

tan(2p/6) = tan(60deg)

tan(45deg) = sin(45deg)/cos(45deg)

30deg = p/6 = 13 p/6

sin(30deg) = sin(13 p/6)

sin(10deg) =?   sin(20deg) =?   sin(30deg) =?

Setzen Sie diese Folge fort und suchen Sie Muster . . . Machen Sie dasselbe mit cos(x), tan(x) (der sin(x)/cos(x) ist), cot(x)(der 1/tan(x) ist), sec(x) der (1/cos(x) ist), und csc(x) (der 1 sin(x) ist).

Löschen Sie ihre Graphikfenster mit **Delete All** (denken Sie daran, daß Sie sich im Graphikfenster befinden müssen, bevor Sie loslegen - sehen Sie nach, ob die Zahl oben im Fenster unterlegt ist und drücken Sie F1, um zwischen den Fenstern zu wechseln) und experimentieren Sie mit Darstellungen von $\sin(x)$ und $\cos(x)$.

Eingaben: A (für Algebra), A (für Author), [cos(90deg), xsin(90deg)] eingeben, Enter, P, P, Entf-Taste gedrückt halten um zu löschen, 0 eingeben, Tab, Entf-Taste gedrückt halten um zu löschen, 1 eingeben, Tab, S (für Step), 11 eingeben, Enter.

Wenn Sie Ihre vertikale oder y-Achse genauer betrachten, finden Sie ein schönes "Lineal", das in 10er Abschnitte unterteilt ist. Da $\sin(90deg)$ ist 1, stellt jeder Strich auf dem "Lineal" 1/10 dar. Zeichnen Sie jetzt den folgenden Einheitskreis.

```
1:    [COS (x), SIN (x)]
2:    SIN (180 °) = SIN (π)
3:    0 = 0
4:    [COS (90 °), x SIN (90 °)]
COMMAND: Algebra Center Delete Help Move Options Plot Quit Scale Ticks Window Zoom
Enter option
Cross x:0.5          y:0.8854       Scale x:1          y:1          Derive 2D-plot
```

Eingaben: A, A, [cos(xdeg),sin(xdeg)] eingeben, Enter, P, P, Entf gedrückt halten, um zu löschen, 0 eingeben, Tab, Entf gedrückt halten, um zu löschen, 360 eingeben, Tab, C (für Continuous), Enter.

Jetzt können wir unser "Lineal" an der gewünschten Stelle des Einheitskreises anlegen, um den Wert des Sinus zu messen.

Eingaben: A (für Algebra), Pfeil nach oben auf [cos(90deg), xsin(90deg)], A (für Author), F3 drücken (zum Kopieren), Strg-Taste gedrückt halten und A drücken bis die Unterlinie von der 9 auf cos(90deg) geht und dann 3 eingeben, Enter, P, P, Entf drücken um zu löschen, 0 eingeben, Tab, Entf gedrückt halten um zu löschen, 1 eingeben, Tab, S (für Step), Entf zum Löschen drücken, 11 eingeben, Enter.

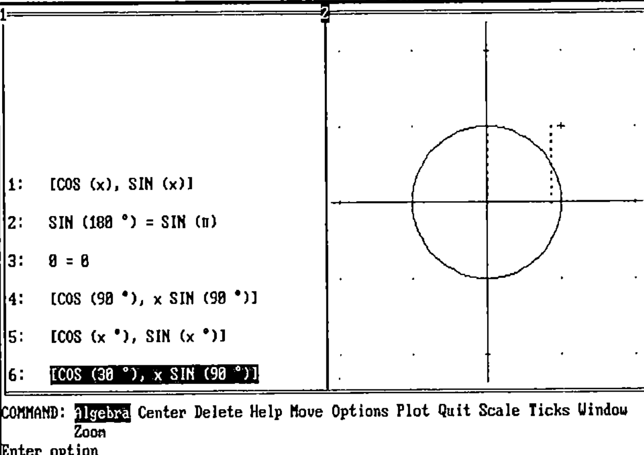

Wenn Sie jetzt die Abstände von unten zählen und daran denken, daß jeder Abstand 1/10 ist, erhalten Sie etwa 5/10 als Abstand von der horizontalen Mittellinie auf dem Kreis bis zur Kreuzung des Kreises. Damit bestätigen wir, daß sin(30deg) = 1/2 ist. Versuchen Sie, das Lineal auf 60deg oder 120deg zu verschieben oder weiter. Versuchen Sie, ein horizontales "Lineal" zu erstellen, um den Kosinus zu untersuchen. (Sie erleichtern sich die Sache, wenn Sie ein Lineal aus Papier machen und es auf Ihrem Bildschirm verwenden).

Trigonometrische Identitäten

Eine unendliche Anzahl von Algebraausdrücken treffen nur für bestimmte Werte ihrer Variable zu; z.B.
$2x + 5 = 13$ ist nur für $x = 4$ wahr und $x^2 - 1 = 24$ ist nur für $x = 5$ oder -5 wahr.

Eine andere unendliche Anzahl von Algebraausdrücken trifft für alle erlaubten Substitutionen zu: $x + x = 2x$ und $(x + 3)^2 = x^2 + 6x + 9$ sind immer wahr. Bei trigonometrischen Gleichungen ist das ähnlich.

$\cos(x\text{deg}) = 1/2$ ist wahr für $x = 60$ Grad oder $x = 300$ Grad oder $x = 420$ Grad oder $x = 660$ Grad usw.

Obwohl diese Gleichung für eine unendliche Anzahl von Werten für x wahr ist, sind sie alle Versionen der ursprünglichen zwei Antworten. Die Gleichung ist nicht wahr für alle x-Werte, wie beispielsweise für 26 Grad.

Andere trigonometrische Gleichungen, die als Identitäten bezeichnet werden, sind für alle erlaubten Substitutionen wahr. *DERIVE* kann Ihnen dabei helfen, dieses Ausdrücke zu verstehen und zu manipulieren.

Eingaben: M (für Manage), T (für Trigonometry), E (für Expand), S (für Sines), Enter, A (für Author), sin(x+30deg) eingeben, Enter, S (für Simplify), Enter, M, T, A, A, Enter.

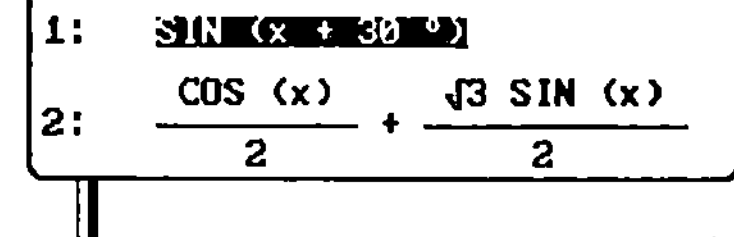

Wenn Sie sin(x+30deg) und dessen Vereinfachung zeichnen, sehen Sie, daß die Graphen identisch aussehen. Wenn Sie zufällige Zahlen für x in jedem Ausdruck einsetzen und **approXimate** benutzen, erhalten Sie dieselben Ergebnisse.

Mit Hilfe des Vektorbefehls können wir eine Liste von Ausdrükken erstellen; mit Hilfe der eckigen Klammern können wir diese Liste in einer Tabelle darstellen.

Eingaben: A (für Author), vector([sin(n*x)], n, 4) eingeben, Enter, S (für Simplify), Enter, M (für Manage), T (für Trigonometry), E (für Expand), S (für Sines), Enter, S (für Simplify), Enter.

Stellen Sie auf die Voreinstellung Auto zurück, wenn Sie das Experimentieren beendet haben. Hier eröffnen sich noch sehr viel mehr Möglichkeiten, die wir noch nicht erforscht haben.

Wie die meisten Graphen geht der Graph von sin(x) = y nach rechts und links immer weiter. Wir fliegen über ein elektronisches Feld von Graphen, wenn wir einen Graph in *DERIVE* betrachten. Wir sehen nur einen kleinen Teil davon. Indem wir F9 oder F10 drücken, gehen wir näher heran oder gehen weiter weg, um einen größeren Teil des Graphen zu sehen. Zuerst öffnen wir ein Graphikfenster und zeichnen einen trigonometrischen Graph.

Eingaben: W (für Window), S (für Split), V (für Vertical), Enter, F1 drücken (um zum nächsten Fenster zu gehen), W (für Window), D (für Designate), 2 (für 2D-plot), S (für Scale), Entf drücken um zu löschen, Alt p drücken (für p), Tab, Entf drücken um zu löschen, 1 eingeben, Enter, A (für Algebra), A (für Author), sinx eingeben, Enter, P (für Plot), P (für Plot).

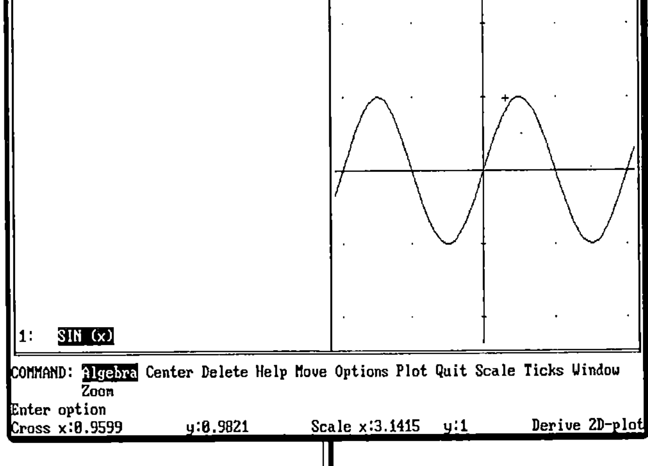

Der Abstand zweier horizontal benachbarter Gitterpunkte ist p, der Abstand zweier vertikal benachbarter Markierungen ist 1. Wir sehen, daß die Sinuskurve an ihrem höchsten Punkt 1 erreicht und an ihrem niedrigsten Punkt -1. Wir sehen ebenfalls, daß sich die Kurve etwa alle zwei Bildschirmeinheiten horizontal wiederholt. Da jede horizontale Bildschirmeinheit p ist, beginnt also alle 2p eine Wiederholung. Sie können das Graphik-Kreuz (+) auf Ihrem Bildschirm und die entsprechenden x- und y-Werte links unten im Bild verwenden, um die zu den Punkten zugehörigen Koordinaten zu finden. Versuchen Sie es! Für größere Sprünge verwenden Sie die Tasten Bild nach oben und Bild nach unten und/oder halten die Strg-Taste gedrückt und drücken Pfeil nach links oder Pfeil nach rechts. Verwenden Sie die Pfeiltasten nur, wenn Sie kleine Sprünge machen wollen.

Jetzt legen wir eine Kosinuskurve über die Sinuskurve und versuchen Vergleiche anzustellen.

Eingaben: A (für Algebra), A (für Author), cosx eingeben, Enter, P (für Plot), P (für Plot).

Wie Sie sehen können, sieht die Kosinuskurve etwa genauso aus wie die Sinuskurve. Sie geht hoch bis 1 und herunter bis auf -1. Die beiden Kurven scheinen sich nur darin zu unterscheiden, daß sie horizontal gegeneinander verschoben sind. Zeichnen Sie die folgenden Kurven, um die Tendenz zu erkennen.

Eingaben: A (für Algebra), A (für Author), cos(x-1) eingeben, Enter, P (für Plot), P (für Plot).

Eingaben: A, A, cos(x-1.5) eingeben, Enter, P, P.

Eingaben: A, A, cos(x-1.7) eingeben, Enter, P, P.

Welcher Wert der Variable k in cos(x-k) verschiebt die Kosinuskurve so, daß sie auf der Sinuskurve zu liegen kommt? Können Sie mehr als einen Wert finden? Können Sie Sinus auf Kosinus verschieben? Probieren Sie aus, raten Sie viel und haben Sie keine Angst, "Fehler" zu machen. Die besten Schüler sind sehr experimentierfreudig. Schwächere Schüler sind zu vorsichtig.

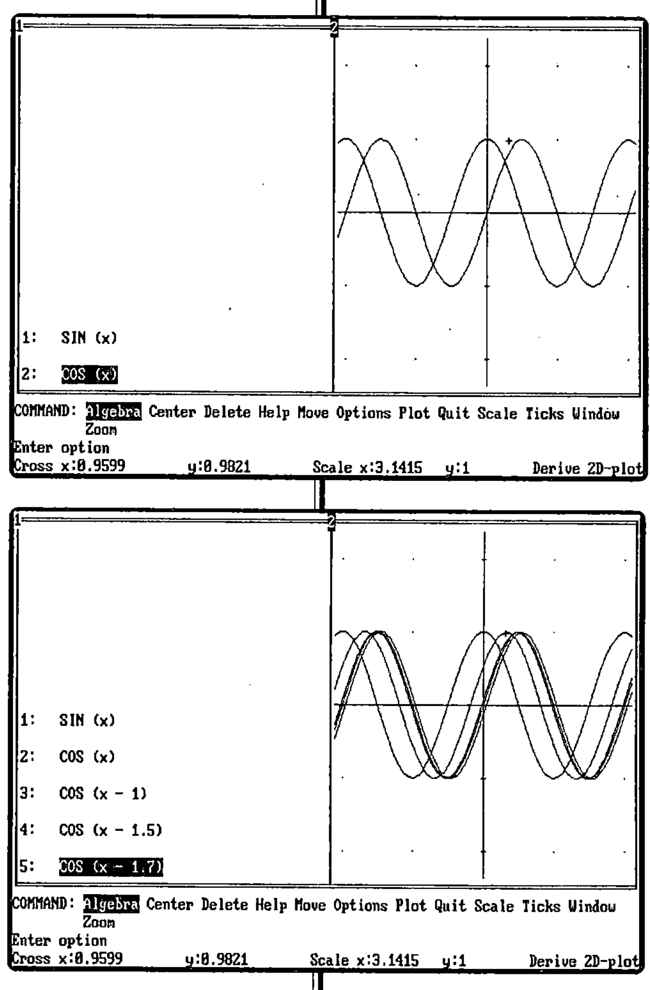

Gelegenheiten zum Üben:

Eingaben: D (für Delete), A (für All), A, A, sinx+1 eingeben, Enter, P, P.

Eingaben: A, A, sinx-1 eingeben, Enter, P, P.

Muster? . . . Varianten? . . . Probieren Sie aus!

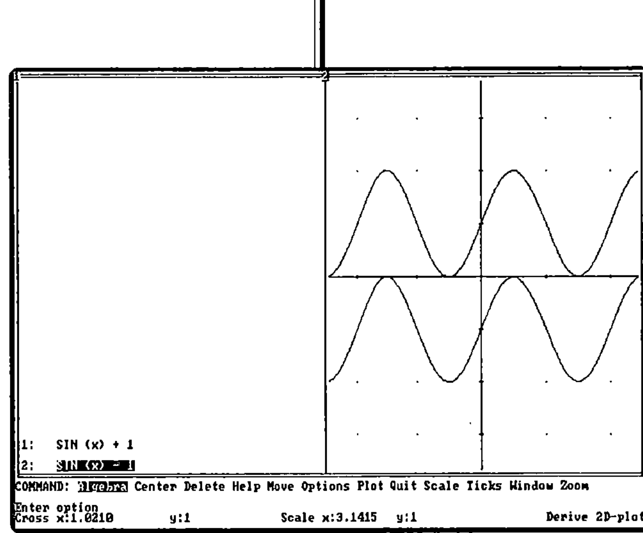

Eingaben: D (für Delete), A (für All), A, A, cosx eingeben, Enter, P, P.

Eingaben: A, A, cos(2x) eingeben, Enter, P, P.

Eingaben: A, A, cos(3x) eingeben, Enter, P, P.

Sehen Sie etwas?
Muster? . . . Ideen? . . .
Experimentieren Sie! Sie können immer eine oder alle Kurven löschen oder erneut zeichnen, damit das Bild klarer wird.

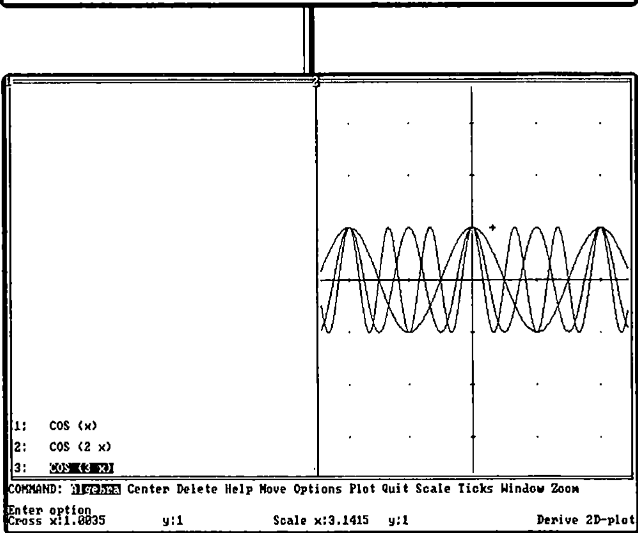

Eingaben: D (für Delete), A (für All), A, A, sinx eingeben, Enter, P, P.

Eingaben: A, A, 2sinx eingeben, Enter, P, P.

Eingaben: A, A, 3sinx eingeben, Enter, P, P.

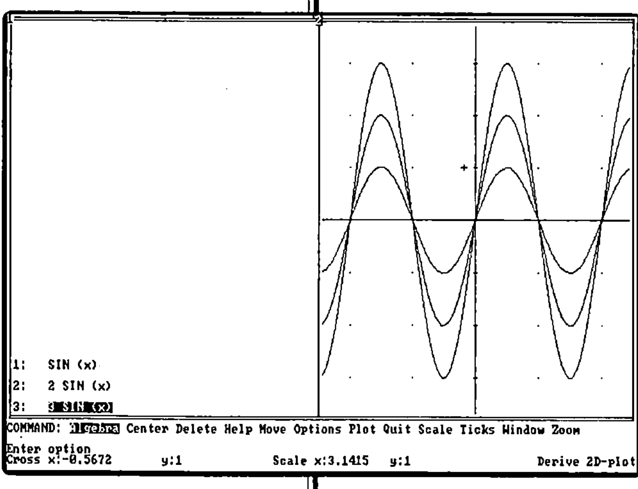

Versuchen Sie etwas ähnliches mit tanx (der gleich sin(x)/cos(x) ist) oder sec(x) (= 1/cos(x)) oder cot(x) oder csc(x). Suchen Sie die Schnittpunkte von sin(x) and cos(x). Zeichnen Sie sie auf demselben Gitter und benutzen Sie die Pfeiltasten, um die das Graphik-Kreuz (+) auf die Schnittpunkte zu positionieren. Machen Sie eine Liste der (x,y) Werte an den ersten Schnittpunkten und rechnen Sie die Antworten hoch in einem Muster. Benutzen Sie F9, um näher heranzugehen oder F10, um alles aus der Entfernung zu betrachten.

Schneiden sich sin(x) and tan(x) jemals? Wo? Wie oft usw. Schneiden sich sin(x) und csc(x) jemals? Wie steht es mit cos(x) und sec(x)? Und tan(x) und cot(x)?

Zeichnen Sie cosx und cos(-x). Wieviele Graphen sehen Sie? Versuchen Sie sin(x) und sin(-x). Vergleichen Sie außerdem cos(x) und -cos(x), sin(x) und -sin(x). Was ist hier los? Gibt es Muster? Je mehr Sie suchen, desto mehr werden Sie sehen.

Wie sieht es aus mit sin(x) + cos(x) oder sin(x) - cos(x)? Experimentieren Sie viel. Wo schneiden sich die Graphen? Wo wiederholen sie sich? Wann bewegen sie sich nach oben oder unten bzw. nach links oder rechts? Wann dehnen sie sich aus, wann schrumpfen sie?

Zwei große Gelegenheiten zum Üben:

Eingaben: D (für Delete), A (für All), A (für Algebra), A (für Author), sinx eingeben, Enter, C (für Calculus), T (für Taylor), Enter, Enter, Enter, S (für Simplify), Enter, P (für Plot), S (für Scale), Entf zum Löschen gedrückt halten, 1 eingeben, Tab, Entf zum Löschen gedrückt halten, 1 eingeben, Enter, P (für Plot), und warten Sie bis der Graph gezeichnet ist, A (für Algebra), A (für Author), sinx eingeben, Enter, P (für Plot), P (für Plot).

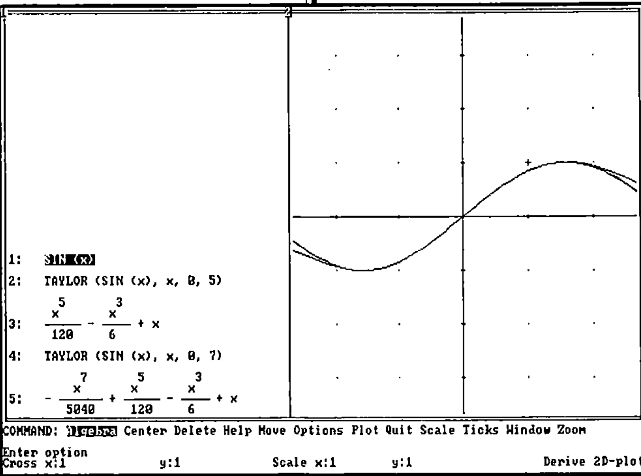

Dies zeigt eine wunderbare Idee. Die Taylorentwicklung liefert ein Polynom, das die ursprüngliche Funktion approximiert. Wir sehen, daß der Graph von sin(x) offenbar mit dem Graphen von $x^5/120 - x^3/6 + x$ übereinstimmt, jedenfalls in der Nähe der Stelle $x = 0$.

Eingaben: A (für Algebra), C (für Calculus), T (für Taylor), Enter, Enter, 7 eingeben, Enter, S (für Simplify), Enter, P, P.

Dies liefert eine noch genauere Approximation. Schauen Sie sich diese drei überlagerten Graphen an, drücken Sie dann F10 einmal und betrachten Sie die Graphen noch einmal.

Probieren Sie cos(x) oder tan(x) anstelle von sin(x), oder e^x, oder entwickeln Sie in mehr Terme an einer anderen Stelle als x = 0. Versuchen Sie 3 Fakultät (3!) und vereinfachen Sie . . . und 4 Fakultät (4!) - sehen Sie etwas?

Eingaben: W (für Window), C (für Close), Enter, R (für Remove), Pos1-Taste drücken, Enter, A (für Author), sinx+sin(3x)/3+sin(5x)/5+sin(7x)/7 eingeben, Enter, W (für Window), S (für Split), H (für Horizontal), Entf zum Löschen drücken, 16 eingeben, Enter, W (für Window), D (für Designate), 2 (für 2D-plot), y (für yes), S (für Scale), Del drücken zum Löschen, Alt-Taste gedrückt halten und P eingeben, /2 eingeben , Tab, Entf eingeben um zu löschen, 0.5 eingeben, Enter, O (für Options), A (für Accuracy), Entf eingeben, um zu löschen, 8 eingeben, Enter, P (für Plot).

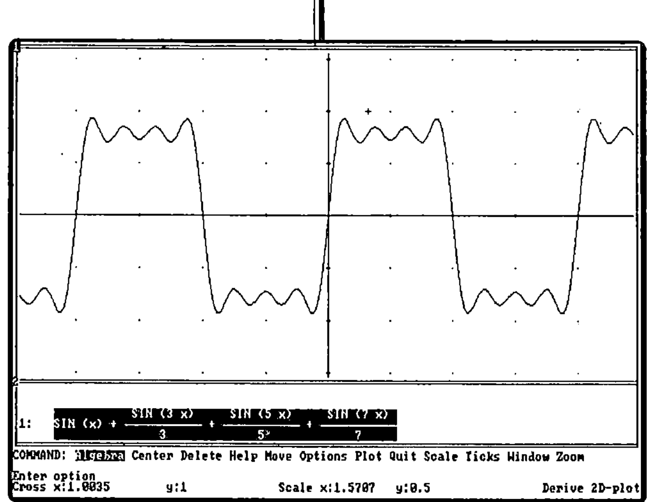

Wie würde diese Kurve aussehen, wenn wir sie um fünf weitere Terme erweiterten? Drücken Sie F9, um näher heranzugehen. Überlagern Sie die Kurve mit sin(x) und sin(3x)/3 usw. Der Name von J. Willard Gibbs, einem berühmten amerikanischen Physiker, ist mit diesem System verbunden. Es gibt hier vieles, über das man staunen kann.

Manchmal sollen wir Gleichungen lösen, bei denen Variable als
Argumente von trigonometrischen Funktionen auftreten.
DERIVE kann viele solcher Gleichungen auf unterschiedliche
Art und Weise lösen. Nehmen wir an, unsere Gleichung lautet
$\sin(x) = 1/2$ und wir sollen einen numerischen Wert für x finden,
der diese offene Aussage wahr macht (oder, wie viele Leute
sagen würden, wir sollen einen Wert für x finden, der "der
Gleichung genügt").

Eine Vorgehensweise, die uns immer zur Verfügung steht,
besteht darin, einige Zahlen für x einzusetzen, um "ein Gefühl"
für die Situation zu bekommen.

> **Eingaben: A (für Author), sinx=1/2 eingeben, Enter, M (für Manage), S
> (für Substitute), Enter, 3 eingeben, Enter, X (für approXimate), Enter.**

Wenn wir jetzt das Ergebnis unserer ersten Schätzung haben, in
welche Richtung gehen wir dann weiter? An dieser Stelle frage
ich üblicherweise "zu groß oder zu klein?" Da 0.141120 kleiner
ist als 0.5, brauchen wir für x vielleicht eine Zahl, die größer ist
als 3. Wenn x größer wird, wird der sin(x) größer? Wenn wir es
nicht wissen, ist unklar, wie wir weitermachen müssen. Vielleicht würde ein Graph von sin(x) helfen. Zuerst erstellen wir
ein Graphikfenster und zeich-
nen dann den Sinus.

> **Eingaben: W (für Window), S (für
> Split), V (für Vertical), Enter, F1
> (um zum nächsten Fenster zu
> wechseln), W (für Window), D (für
> Designate), 2 eingeben (für 2D-
> plot), y (für yes), A (für Algebra),
> A (für Author), sinx eingeben,
> Enter, P (für Plot), S (für Scale),
> Entf drücken um zu löschen, 2
> eingeben, Tab, Entf um zu löschen,
> 2 eingeben, Enter, P (für Plot).**

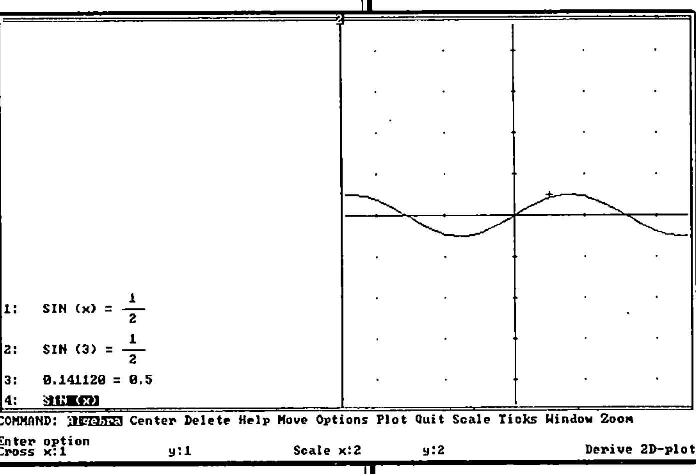

Mit unserer Sinus-Zeichnung vor uns und dem Graphik-Kreuz
(+) um Punkte zu bestimmen, kann es losgehen. Drücken Sie
einige Male die Pfeiltasten, um zu sehen, ob sich die Markierung bewegt. Drücken Sie Bild nach oben und Bild nach unten
für größere Schritte und halten Sie die Strg-Taste gedrückt und
verwenden Sie die Pfeiltasten, um größere horizontale Bewegungen auszuführen. Lesen Sie links unten auf dem Bildschirm
die x- und y-Werte für die Position ab, in der sich das Graphik-
Kreuz befindet.

Bewegen Sie das Graphik-Kreuz nach oben oder unten, bis Sie
für y die Zahl .5 ablesen, und dann nach rechts oder links, bis
sich das Graphik-Kreuz (+) auf der Kurve befindet. Bei mir lese
ich dann x:2.5937 y:0.5 ab. Was haben Sie für Werte? Können
wir unterschiedliche Antworten haben?

Können wir beide richtig liegen?

Eine Art, die Positionen auf dem Graph von sin(x) festzustellen,
für die y = 1/2 ist, besteht darin, einen zweiten Graphen zu
zeichnen. Welchen?
y = 1/2.

**Eingaben: A (für Algebra),
A (für Author), 1/2 eingeben,
Enter, P (für Plot), P (für Plot).**

In meinem Bild mit dem
Maßstab x:1 y:1, erhalte ich
drei Punkte, an denen sich y =
1/2 und y = sin(x) schneiden.
Mit den Pfeiltasten bewege ich
das Graphik-Kreuz (+) und
erhalte drei Zahlenpaare für
diese Punkte: (-3.7187, 0.5),
(0.5312, 0.5) und (2.6562, 0.5).
Sehen Sie nach, welche Zahlen
Sie erhalten.

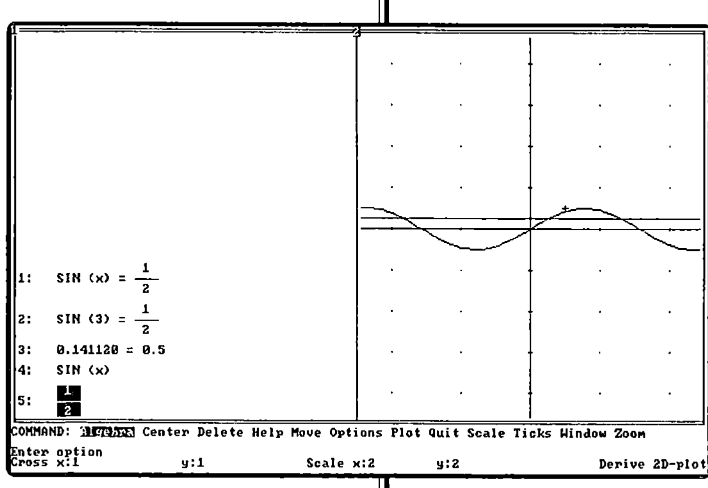

Wenn ich jetzt F10 zum Verkleinern drücke und mehr von der Sinuskurve und y = 1/2 sehe, stelle ich fest, daß es sechs oder sieben weitere Schnittpunkte gibt, je nachdem, welchen Bildschirm ich verwende (Monochrom-Bildschirme zeigen mehr).

Eingaben: F10 (um weiter weg zu gehen).

Wenn ich nochmals F10 drücke, ist das Bild schwer erkennbar, aber es erscheinen fünfzehn, sechzehn oder siebzehn Schnittpunkte. Um diese Kreuzungspunkte besser sehen zu können, verändere ich den y-Maßstab auf 0.5, was zwar ein in die Länge gezogenes Bild ergibt, aber für meine Zwecke günstiger ist.

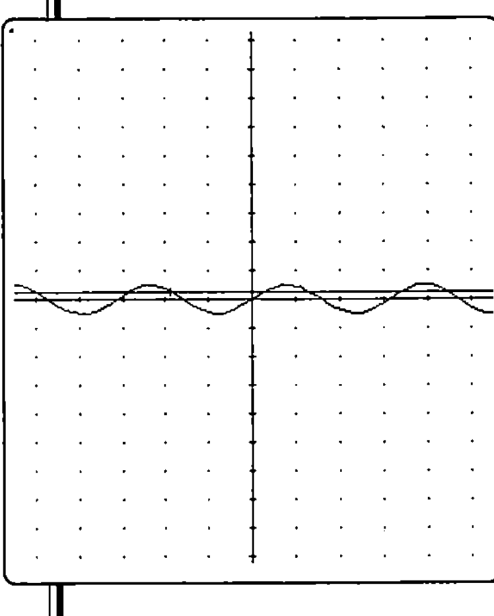

Ihr Bild und mein Bild variieren vielleicht etwas, da unsere Monitore unterschiedlich sind. Sie können den Maßstab verändern, um das Bild zu bekommen, das Sie haben wollen.

**Eingaben: S (für Scale), Entf zum Löschen drücken, 10 eingeben, Tab,
Entf drücken um zu löschen, 0.5 eingeben, Enter.**

Wenn wir die Pfeiltasten benutzen, um uns auf dem Gitter zu bewegen, können wir die Werte mit einiger Genauigkeit ablesen (halten Sie die Strg-Taste gedrückt und drücken Sie Pfeil nach rechts und/oder Pfeil nach links für größere Sprünge). Da sich Sinuskurven nach rechts und links unendlich fortsetzen, gibt es eine unendliche Zahl von Lösungen. Diese Lösungen bilden ein regelmäßiges Muster. Sie wollen das vielleicht selbst versuchen. Die oben erwähnten graphischen Mittel können für verschiedene Situationen mit oder ohne trigonometrische Funktionen eingesetzt werden. Machen Sie sich eine Notiz, damit Sie diese Methode in vielen Situationen verwenden, bis sie zur Gewohnheit wird. Sie erzielt gute Ergebnisse. Darüberhinaus zeigt kein anderer Weg so klar, was wirklich passiert.

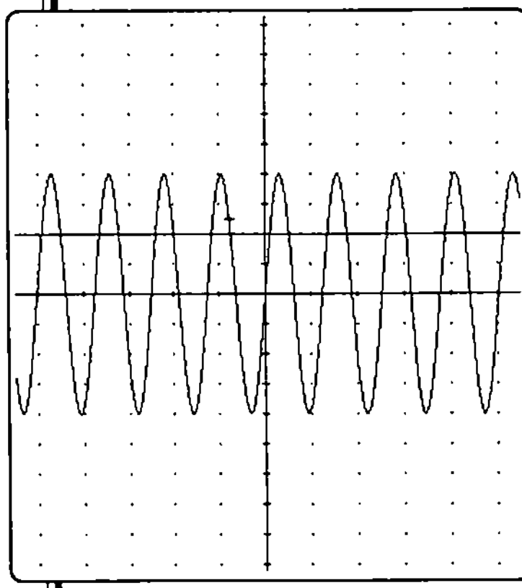

Wie könnte man sin(x) = 1/2 noch lösen? Nun, wie wäre es mit einem schönen einfachen Weg?

**Eingaben: A (für Algebra), A (für Author),
solve(sinx=1/2, x) eingeben, Enter, S (für
Simplify), Enter, X (für approXimate), Enter.**

So hat es *DERIVE* einfach für uns
gelöst. Es hat drei Wurzeln erzeugt, und
nicht die sechzehn Lösungen, die wir auf den Graphen sehen
oder die unendliche Zahl, die wir im Geist sehen können.

**Eingaben: A (für Author), Alt-Taste gedrückt halten und P eingeben
(für pi), /2 eingeben, Enter, X (für approXimate), Enter.**

Diese Art, x zu messen nennt man Bogenmaß; mit 2p im
Bogenmaß gehen wir einmal um einen Kreis herum. Von
-p/2 bis p/2 läuft man vom untersten Punkt des Kreises aus die
rechte Seite hinauf bis zum obersten Punkt des Kreises.

Mit ein paar Änderungen können wir eine Sinuskurve erzeugen,
die nur auf den Teil (den Hauptwert) begrenzt ist, in dem
*DERIVE*s Gleichungslöser nach einer Lösung sucht.

**Eingaben: F1 (um zum nächsten
Fenster zu wechseln), D (für
Delete), A (für All), A, A, [x, sinx]
eingeben, Enter, P (für Plot), S (für
Scale), Entf drücken um zu
löschen, 1 eingeben, Tab, Entf
eingeben um zu löschen, 1
eingeben, Enter, P (für Plot), Entf
drücken um zu löschen und -1.57
eingeben, Tab, Entf drücken um
zu löschen und 1.57 eingeben,
Enter.**

Dies zeigt die Sinuskurve von -
p/2 bis p/2. Wir haben dies
durch die Parameterdarstellung
erreicht (d.h. die Schreibweise
mit eckigen Klammern und die
untere und obere Grenze für die Parameterwerte.) Wir nehmen
jetzt eine Gerade mit Parameterdarstellung dazu.

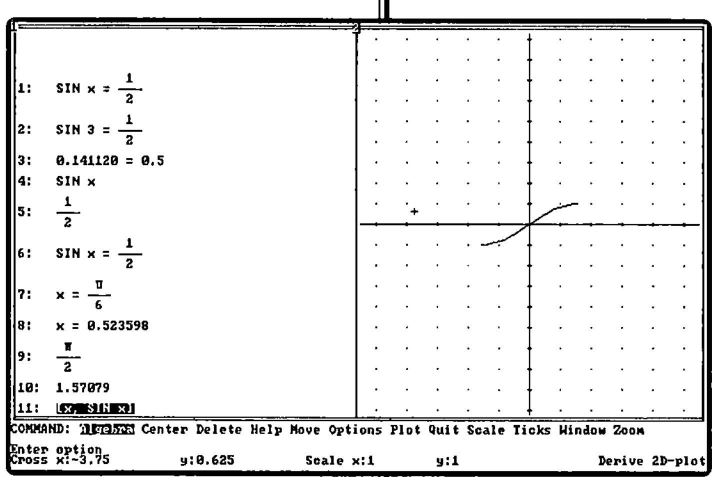

Eingaben: A (für Algebra), A (für Author), [x, 1/2] eingeben, Enter, P (für Plot), P (für Plot), Enter.

Wir können hier sehen, daß es im beschränkten Bereich des Hauptwertes des Sinus nur eine Lösung gibt.

Die Lösung, die man erhält, wenn man sin(x) = 1/2 mit Algebra löst, ist p/6 or .523598. Wir können die Antwort auch in Grad erhalten.

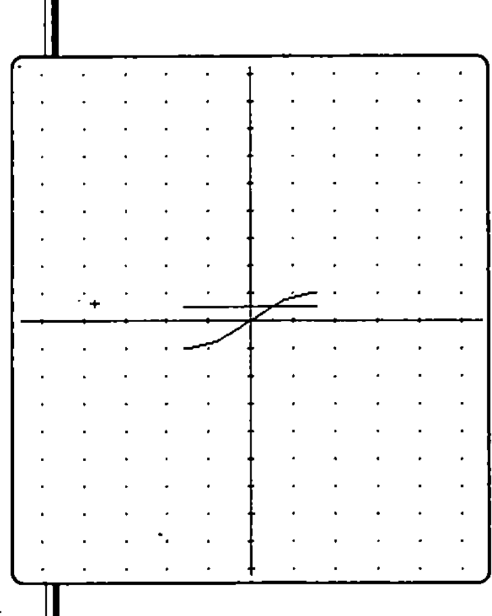

Eingaben: A (für Algebra), A (für Author),
sin(xdeg) = 1/2 eingeben, Enter, L (für Solve), Enter.

Wir sehen, daß sin(30 Grad) und sin(p/6) dieselbe Zahl ist, so wie 2^3 und 8 unterschiedliche Bezeichnungen für dieselbe Zahl sind.

Ich möchte Ihnen hier noch eine Liste mit Aufgaben geben, damit Sie weiter üben können.

Top-Gelegenheiten zum Üben:

1. Zeichnen Sie $sin(x^2)$ und y = 1/2 und suchen Sie die Schnittpunkte. Vergleichen Sie diese Ergebnisse mit den Ergebnissen des Hauptproblems in diesem Kapitel.

2. Zeichnen Sie $(sin(x))^2$ und y = 1/4 oder $(sin(x))^3$ und y = 1/8 und suchen Sie nach Schnittpunkten. Versuchen Sie es mit Algebra.

3. Lösen Sie sin(2xdeg) = 1/2 und sin(x) = 1/2 und vergleichen Sie Ihre Ergebnisse. Versuchen Sie sin(2xdeg) = 1 und sin(x) = 1 zu lösen und vergleichen Sie. Probieren Sie sin(9x) = 1 und sinx = 1. Was sehen Sie? Was haben Sie erwartet?

4. Nehmen Sie ein Algebrabuch für Oberschulen oder Hoch-
schulen zur Hand und suchen Sie Aufgaben, in denen Gleichungen mit trigonometrischen Funktionen vorkommen. Versuchen
Sie, sie zu lösen und vergleichen Sie die Ergebnisse von
DERIVE mit denen des Buches.

Heikle Situationen

In den letzten dreieinhalb Jahren, in denen ich mit *DERIVE* gearbeitet habe, habe ich gelernt, daß der mathematische Assistent *DERIVE* nicht nur leistungsfähig ist, sondern auch mit angemessener Vorsicht handelt. Ich empfehle dieses Kapitel vor allem denjenigen, die über Computerprogramme schreiben, jedoch nicht die Zeit zur Einarbeitung haben, um das zu sehen, was hier gezeigt wird.

So handhabt *DERIVE* beispielsweise die Funktion Absolutbetrag mit großer Vorsicht.

Eingaben: A (für Author), absx eingeben, Enter, S (für Simplify), Enter.

Wenn wir den Betrag von x vereinfachen, gibt uns *DERIVE* denselben Ausdruck wieder zurück, den wir eingegeben haben. Wir müssen erkennen, daß dies nicht notwendigerweise bedeutet, daß *DERIVE* nicht mit der Situation umgehen kann. *DERIVE* reagiert nur angemessen zurückhaltend. Ich verwende x im Standardwert, der eine reelle Zahl ist, die zwischen minus unendlich und plus unendlich alle Werte annehmen kann.

Was geschieht, wenn wir einen spezifischen Wert für x eingeben?

Eingaben: A (für Author), abs4 eingeben, Enter, S (für Simplify), Enter.

Hier passiert fast nichts. Der Absolutbetrag von 4 ist einfach 4. Wie steht es mit dem Absolutbetrag einer negativen Zahl?

Eingaben: A (für Author), abs(-7) eingeben, Enter, S (für Simplify), Enter.

Offenbar ist der Absolutbetrag einer Zahl die positive Zahl mit denselben Ziffern.

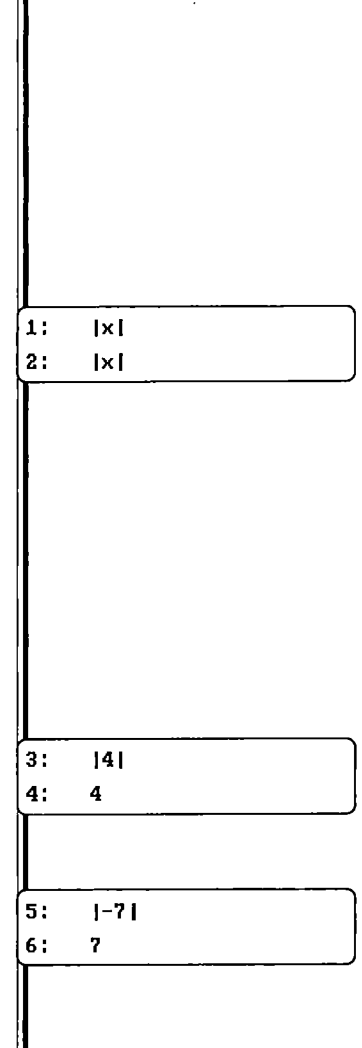

Jetzt zu den Feinheiten. Als wir absx eingegeben und vereinfacht haben, hat uns *DERIVE* diesen Ausdruck in unveränderter
Form zurückgegeben. Nehmen wir an, daß wir x für positiv
erklären, dann absx vereinfachen und dann den Ablauf mit x als
negativ wiederholen. Was wird passieren?

**Eingaben: D (für Declare), V (für Variable), x eingeben, Enter, P (für
Positive), Pfeil nach oben (um absx zu markieren), S (für Simplify),
Enter.**

Wir sehen, daß der Absolutbetrag von x wieder x ist, wenn x als
positiv deklariert wurde.

Und wenn x negativ ist? Wird *DERIVE* abs(x) vereinfachen,
wenn x negativ ist?

**Eingaben: D (für Declare), V (für Variable), x eingeben, Enter, R (für
Real), Entf eingeben um zu löschen, -inf eingeben, tab dreimal, Entf
zum Löschen drücken, 0 eingeben, Enter, Pfeil nach oben (um absx zu
markieren), S (für Simplify), Enter.**

Wir sehen, daß abs(x) = -x ist, wenn x selbst eine negative Zahl
ist. Man fragt sich, wie abs(x) negativ sein kann, nämlich -x?
Nun, -x ist keine negative Zahl wenn x eine negative Zahl ist.
Versuchen Sie das folgende, um zu sehen, was geschieht.

**Eingaben: Pfeil nach oben (um absx zu markieren), S (für Simplify),
Enter, M (für Manage), S (für Substitute), Enter, -3 eingeben, Enter, S
(für Simplify), Enter.**

Wenn x positiv ist, dann ist abs(x) einfach x. ABER wenn x
negativ ist, ist abs(x) = -x. Das heißt: um abs(x) zu erhalten,
nehmen Sie x (welches negativ ist) und bilden Sie das Gegenteil
davon.

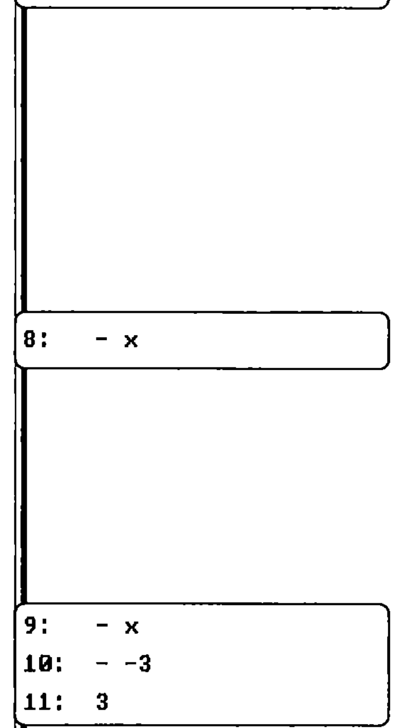

Gelegenheiten zum Üben:

1. Vereinfachen Sie abs(x^3), wenn x als positiv deklariert ist.

2. Vereinfachen Sie abs(x^3), wenn x als negativ deklariert ist.

3. Vereinfachen Sie abs(x^4), wenn x als positiv deklariert ist.

4. Vereinfachen Sie abs(x^4), wenn x als negativ deklariert ist.

5. Vereinfachen Sie abs(x^{13}), wenn x als positiv deklariert ist.

6. Vereinfachen Sie abs(x^{13}), wenn x als negativ deklariert ist.

Ein anderes Beispiel für ein wunderbares Softwaredesign ist *DERIVE*s Vorgehensweise bei Ungleichungen. Wenn $2x < 12$ ist, dann folgt $x < 6$.

Eingaben: A (für Author), 2x<12 eingeben, Enter, L (für soLve), Enter.

```
12:   2 x < 12
13:   x < 6
```

Keine Probleme in Sicht! Aber . . .

Eingaben: A (für Author), -2x<12 eingeben, Enter, L (für soLve), Enter.

```
14:   - 2 x < 12
15:   x > -6
```

Ist Ihnen aufgefallen, daß sich im letzten Fall das Ungleichheitszeichen < in > umgekehrt hat? Hier geht es wieder darum, vorsichtig mit positiven und negativen Werten umzugehen. Wenn wir zu k verallgemeinern, einer reellen Zahl, die zwischen negativ unendlich und positiv unendlich liegt, wie geht *DERIVE* dann mit $kx < 12$ um?

Eingaben: A (für Author), kx<12 eingeben, Enter, L (für soLve), Enter, Enter.

```
16:   k x < 12
17:   k x < 12
```

DERIVE reagiert nicht, um $kx < 12$ zu lösen. Es scheint ineffektiv zu sein.
Wir wollen k als positiv deklarieren und einen erneuten Versuch machen.

Eingaben: D (für Declare), V (für Variable), k eingeben, Enter, P (für Positive), L (für soLve), Enter, Enter.

$$18: \quad x < \frac{12}{k}$$

Und was passiert, wenn wir k als negativ deklarieren? Wie reagiert *DERIVE* dann?

Eingaben: D (für Declare), V (für Variable), k eingeben, Enter, R (für Real), Entf drücken um zu Löschen, -inf eingeben, Tab, Tab, Tab, 0 eingeben, Enter, Pfeil nach oben (um kx<12 zu markieren), L (für soLve), Enter, Enter.

$$19: \quad x > \frac{12}{k}$$

Ich glaube, dies zeigt beeindruckend, wie man mathematische Symbole richtig einsetzt - eine Eigenschaft, welche Lob und Anerkennung verdient.

Als ich gerade anfing, symbolische Algebra-Programme zu benutzen, war ich erstaunt, herauszufinden, daß ab als Variable und nicht als Produkt der zwei Variablen a und b gelesen wurde. Dies schien mir absurd und ich begann, mich über solche Programme zu wundern. Ich beschwerte mich bei Leuten, die mehr Erfahrung als ich hatten, und sie sagten, daß dies so sein mußte. Leute wollen ein gewöhnliches Wort wie force (Kraft) als Variable verwenden, und wünschen nicht, daß es wie f*o*r*c*e interpretiert wird. Ich erkannte ihr Anliegen, aber ich war nicht glücklich. Ich habe oft Schüler, die ich in Algebra einführe, und ich dachte, daß diese Vorgehensweise auf den naiven Anwender von Algebra verwirrend wirken würde. Wie geht *DERIVE* mit dieser Situation um? Wunderbar!

Eingaben: A (für Author), (force)^2 eingeben, Enter, S (für Simplify), Enter.

$$20: \quad (f\,o\,r\,c\,e)^2$$
$$21: \quad c^2\,e^2\,f^2\,o^2\,r^2$$

In der Standardeinstellung wird force als f*o*r*c*e betrachtet. Wenn es quadriert und vereinfacht wird, ist jeder Buchstabe eine quadrierte Variable. Das ist nicht das, was Sie für die Variable force haben wollen, aber es ist das, was wir für ab erhalten wollen, nämlich a*b.

Eingaben: A (für Author), (ab)^2 eingeben, Enter, S (für Simplify), Enter.

Hier sind einige Beispiele im Wortmodus:

Eingaben: A (für Author), Kraft =Masse*Beschleunigung eingeben, Enter, L (für soLve), Enter, die Entf-Taste gedrückt halten um zu löschen, Masse eingeben, Enter.

Eingaben: A (für Author), (p1*v1)/t1=(p2*v2)/t2 eingeben, Enter, L (für soLve), Enter, Entf drücken um zu löschen, t2 eingeben, Enter.

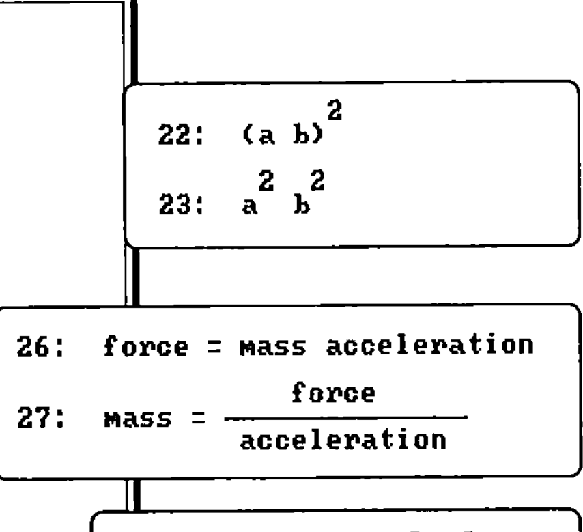

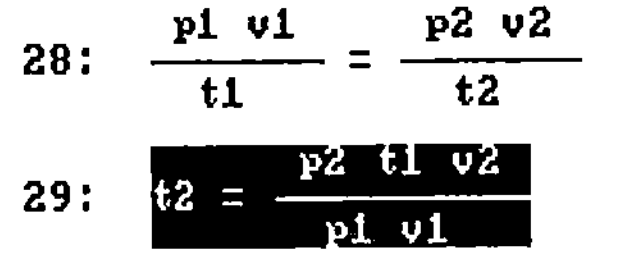

$$28: \quad \frac{p1\;v1}{t1} = \frac{p2\;v2}{t2}$$

$$29: \quad t2 = \frac{p2\;t1\;v2}{p1\;v1}$$

p, v und t stehen für pressure (Druck), volume (Volumen) und temperature (Temperatur) eines Gases.

Viele von uns erwarten, daß -2 die dritte Wurzel von -8 ist, weil $(-2)^3$ = -8 ist. *DERIVE* glaubt, daß die Antwort 1+sqrt(3)î ist, weil (1+sqrt(3)î)³ die Zahl -8 ergibt. Mathematiker sagen, daß dies die "korrekte Lösung" ist, weil es der Hauptwert in der komplexen Ebene ist. Wir können die Antwort "des gesunden Menschenverstandes" erhalten, indem wir Manage-Branch-Real verwenden, um -2 als dritte Wurzel von -8 zu erhalten. Wenn Ihr Graph von $y = x^{1/3}$ weniger ist als Sie erwarten, dann verwenden Sie Manage-Branch-Real und zeichnen Sie erneut.

Hier sind drei ganz unterschiedliche Situationen, in denen *DERIVE* nicht reagiert (d.h. Ihre Eingabe unbearbeitet zurückgibt):

1. Berechnen Sie die Inverse einer Matrix, deren Determinante 0 ist. In diesem Fall signalisiert *DERIVE*, daß es keine korrekte Antwort gibt.

2. Das Vereinfachen von sin(2x) mit Standardeinstellungen. In diesem Fall signalisiert *DERIVE*, daß es die Aufgabe nicht lösen kann. Wenn wir mit Manage-Trig-Expand-Enter-Simplify arbeiten, erhalten wir unser Ergebnis. In diesem Fall kann *DERIVE* eine Anwort geben, wenn wir die entsprechenden Einstellungen vornehmen.

3. Lassen Sie *DERIVE* sin(2x) = cos(3x) lösen. Wir erhalten keine Antwort außer der Nachricht "Memory Full". Das zeigt an, daß *DERIVE* dies nicht ausführen kann, und wir wissen nicht warum. Wenn wir Manage-Trig-Expand-Enter-Simplify und dann soLve verwenden, erhalten wir unsere Ergebnisse.

Ein anderes wunderbares (jedoch verwirrendes) Beispiel für eine Feinheit von *DERIVE* ist:

> **Eingaben: A (für Author), x^n eingeben, Enter, C (für Calculus), I (für Integrate), Enter, Enter, Enter, S (für Simplify), Enter**

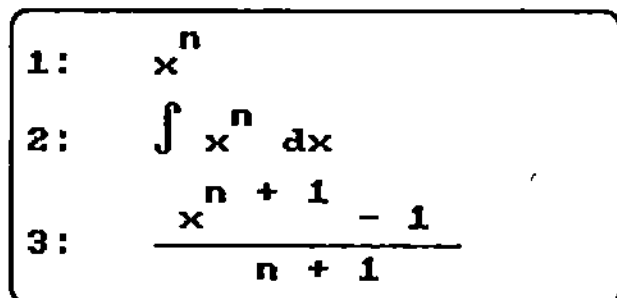

Dies sieht vertraut, aber falsch aus. Warum ist das Ergebnis des Integrals nicht $x^{n+1}/n+1$? Die Antwort lautet: Wir bekommen Ärger, wenn n = -1 ist. Für n = -1 sollte die Vereinfachung des Integrals ln(x) ergeben. *DERIVE* berücksichtigt dies und bietet eine Antwort, die in allen Fällen wahr ist.

> **Eingaben: C (für Calculus), L (für Limit), Enter, n eingeben, Enter, -1 eingeben, Enter, S (für Simplify), Enter**

Wenn wir n für positiv erklären und dasselbe Integral vereinfachen, erhalten wir die übliche Antwort.

Ich kenne kein anderes symbolisches Algebraprogramm, das sich derart um solche Feinheiten bemüht. Bravo!

Wir beginnen jetzt mit 3D-Graphen, und ich schlage vor, daß wir unseren Bildschirm in sieben Fenster unterteilen: ein Fenster auf der rechten Seite, das die volle Höhe einnimmt und für die Gleichungen bestimmt ist, die wir zeichnen werden, und sechs etwa quadratische 3D-Fenster in zwei Reihen von jeweils drei Fenstern. Was ich hier beschreibe, gilt insbesondere für ein System mit EGA- oder VGA-Farb-Monitor; Sie haben weniger Auswahlmöglichkeiten und weniger hübsche Ergebnisse mit einem Monochrom-Bildschirm oder in CGA. Als erstes bereiten wir das Fenster für die Gleichungen vor.

> **Eingaben: W (für Window), D (für Designate), 3 (für 3D-plot), O (für Options), D (für Display), G (für Graphics), H (für High), E (für EGA), Enter, E (für Enhanced) oder je nach Monitor vielleicht C (für Color), und dann H (für Hide), Y (für Yes), O (für Options), C (für Color), P (für Plot), Entf drücken um zu löschen, 11 eingeben, Tab, Entf zum Löschen drücken, 9 eingeben, Tab, Entf eingeben um zu löschen, 12 eingeben, Enter.**

So wird ein Fenster nach meinem Wunsch definiert. Als nächstes unterteilen wir dieses Fenster in verschiedene Fenster, die alle dieselben Eigenschaften aufweisen wie das erste. Wir müssen nicht jedes Fenster extra einstellen.

> **Eingaben: W (für Window), S (für Split), V (für Vertical), Enter, W (für Window), S (für Split), H (für Horizontal), Enter, W (für Window), S (für Split), V (für Vertical), Enter, zweimal F1 drücken (um zum Fenster 3 zu wechseln), W, S, V, Enter, F1 zweimal drücken (um zum Fenster 5 zu wechseln), W, S, V, Enter, W, S, H (für Horizontal), Enter, F1 zweimal drücken (um zum Fenster 7 zu wechseln), W, D (für Designate), A (für Algebra).**

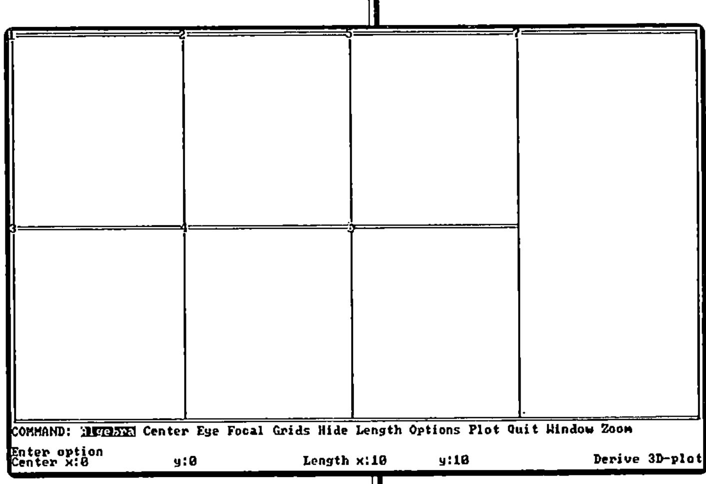

Wir haben jetzt sechs Graphikfenster und ein langes Algebrafenster. Wir werden in jedem Graphikfenster zeigen, welche
unterschiedlichen 3D-Zeichnungen in *DERIVE* möglich sind.
Mit F1 gehen Sie von Fenster zu Fenster; um rückwärts zu
gehen, halten Sie die Strg-Taste gedrückt und drücken Sie F1.
Versuchen Sie jetzt!

Als nächstes geben wir eine
Gleichung ein, die gezeichnet
werden soll, wobei wir die
Anfangsbedingungen aller
Kontrollvariablen akzeptieren.

**Eingaben: A (für Algebra - wenn
Sie sich noch nicht im
Algebrafenster befinden), A (für
Author), z=x^2-y^2 eingeben,
Enter, F1 drücken (um zum Fenster
1 zu gehen), P (für Plot).**

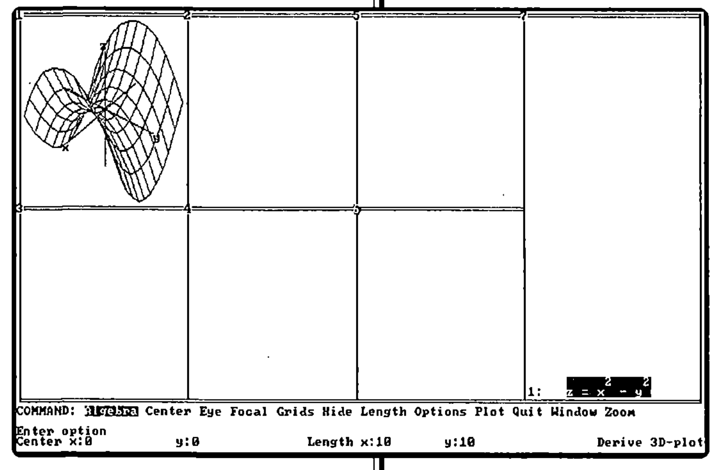

Wir sehen eine 3D-Zeichnung,
die normalerweise als Sattel
bezeichnet wird. Für unsere
erste Veränderung stellen wir die Gitterzahlen auf 6 ein (anstelle
der Voreinstellung 10).

**Eingaben: F1 drücken (um zum
Fenster 2 zu gehen), G (für Grids),
Entf zum Löschen gedrückt halten,
6 eingeben, Tab, Entf-Taste zum
Löschen gedrückt halten, 6
eingeben, Enter, P (für Plot).**

Das Bild im Fenster 2 sollte in
jeder der x- und y-Richtungen
sechs Streifen aufweisen; im
Fenster 1 sollten es zehn Streifen in jeder Richtung sein.

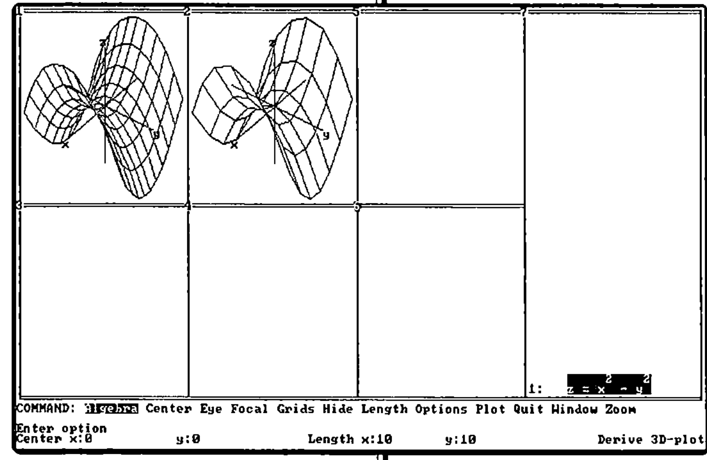

Als nächstes gehen wir zum Fenster 3 und verändern die Position des Augenpunktes "Eye", der auf die 3D-Zeichnung schaut,
und wechseln damit die Perspektive. In den Fenstern 1 und 2
wird der Sattel von x=20, y=15 (den Voreinstellungen) und
z=75 (einer von *DERIVE* berechneten Position) betrachtet. Im
Fenster 3 werden wir von x=1, y=15 und z=75 aus den Sattel
anschauen. Bevor Sie den Graph zeichnen, versuchen Sie sich
vorzustellen, wie der Sattel aussehen wird.

**Eingaben: F1 drücken (um zum
Fenster 3 zu gehen), E (für Eye),
Entf drücken um zu löschen, 1
eingeben (für x), Enter, P (für Plot).**

Im Fenster 3 können wir zum
ersten Mal die zehn Streifen in
die x-Richtung leicht zählen.

Für das Fenster 4 betrachten
wir von x=1, y=1 und z=75 aus
und stellen uns das Ergebnis
vor.

**Eingaben: F1 drücken (um zum
Fenster 4 zu gehen), E (für Eye),
Entf zum Löschen drücken, 1
eingeben (für x), Tab, Entf drücken
um zu löschen, 1 eingeben (für y),
Enter, P (für Plot).**

Im Fenster 4 können wir jetzt
die zehn Streifen in jeder der x-
und y-Richtungen erkennen.

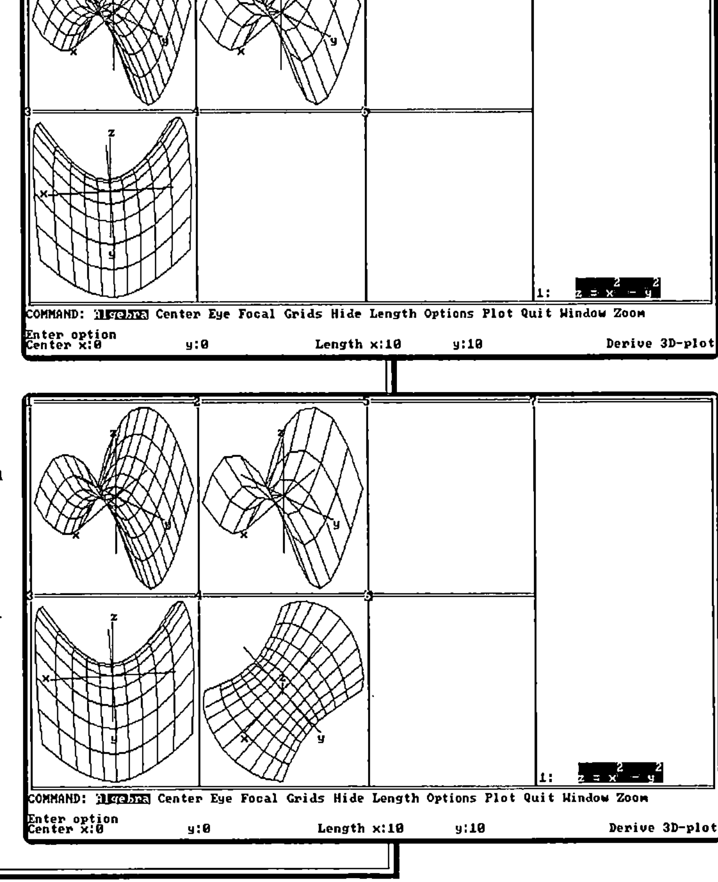

Wie wäre es als nächstes damit, den Sattel von einem Ende zu betrachten, von wo aus wir etwas von der Unterseite sehen können? Überlegen Sie sich, mit welchen Koordinaten man den Augenpunkt einstellen würde. Dann schauen Sie nach, was ich gemacht habe.

Eingaben: F1 (um zum Fenster 5 zu gehen), E (für Eye), Tab, Entf zum Löschen drücken, 1 eingeben (für y), Tab, mit Entf löschen, 45 eingeben (für z), Enter, P (für Plot).

Für das Fenster 6 wollen wir alle Bedingungen wie in Fenster 1 beibehalten, aber die Farben verändern. (Wenn Sie keinen Farbbildschirm haben, experimentieren Sie mit einem anderen Augenpunkt oder einer anderen Gittereinstellung).

Eingaben: F1 drücken (um zum Fenster 6 zu gehen), O (für Options), C (für Color), W (für Work), Tab, Entf-Taste zum Löschen drücken, 12 eingeben, Enter, O (für Options), C (für Color), P (für Plot), Tab zweimal drücken, Entf zum Löschen drücken, 14 eingeben (für die Achsen), Enter, P (für Plot).

Jetzt können wir diese 6 Bilder betrachten, solange wir möchten; wir können von einem Fenster zum anderen wandern und die jeweiligen Einstellungen untersuchen, um die Unterschiede zu erkennen, die zu den verschiedenen Bildern führen.

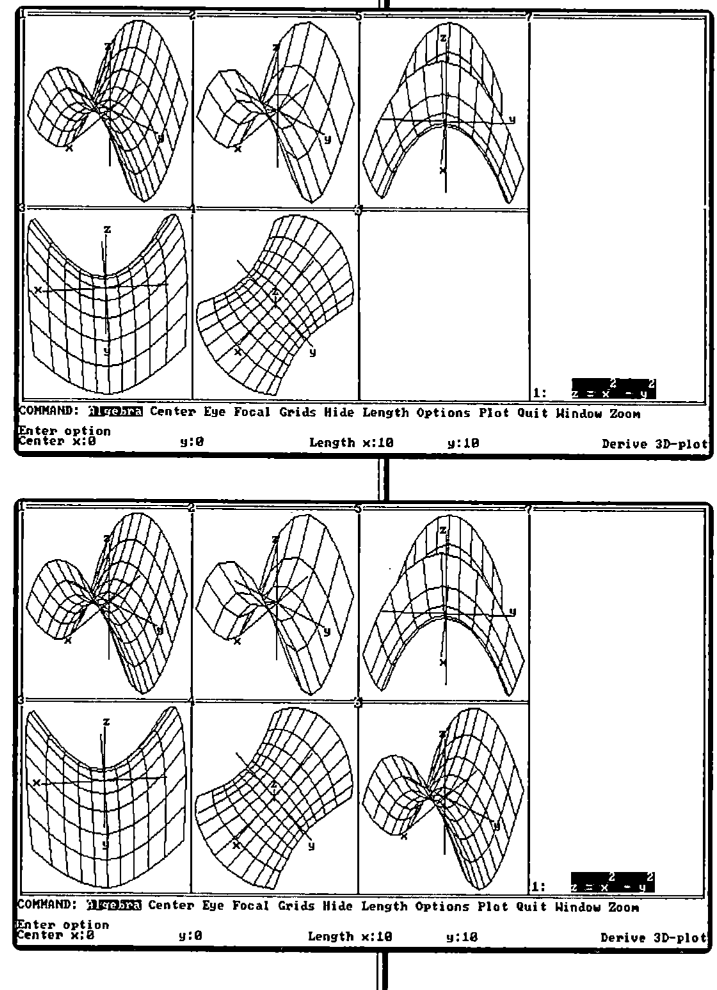

Wenn Sie bereit sind, können wir eine neue Gleichung versuchen und sie über die sechs Fenster schicken.

**Eingaben: A (für Algebra), A (für Author),
z=x^4*y eingeben, Enter, F1 drücken (um zum Fenster 1 zu gehen), O (für Options), C (für Color), P (für Plot), Tab zweimal drücken, zum Löschen Entf drücken, 12 oder eine andere Farbe, die Sie vorziehen (für die Achsen), Enter, P (für Plot).**

Wenn Sie fertig sind, drücken Sie F1, um in ein neues Fenster zu wechseln und drücken Sie dann P (für Plot).

Viele Gleichungen können auf diese Art und Weise ausprobiert werden (oder sie erfinden eigene Vorgehensweisen). Einige Vorschläge sind:

$z=x^2y,$ $z=x^4y,$ $z=xy^4,$ $z=\tan(xy)/\cos(xy)$

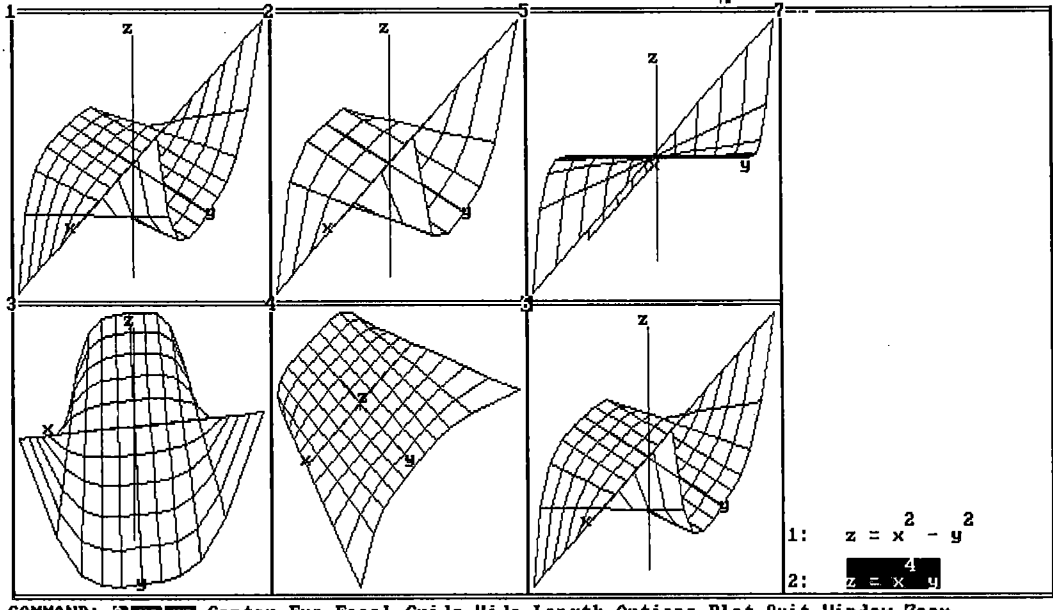

Eine Funktion wie der Sinusbogen von xy erzeugt komplexe Zahlen für einige Werte von xy. Wenn wir den Imaginärteil zeichnen, könnten wir einen interessanten Graphen erhalten.

Eingaben: Verwenden Sie F1 um zum Fenster 6 zu kommen, W (für Window), C (für Close), dreimal wiederholen bis zwei 3D-Fenster und ein Algebrafenster zurückbleiben, A (für Algebra), A (für Author), im(asin(xy)) eingeben, Enter, P (für Plot), P (für Plot) und warten Sie. Probieren Sie dann re(asin(xy)) im anderen 3D-Fenster.

Eine letzte Warnung: Viele 3D-Graphen sehen furchtbar aus, wenn man sie mit der Standardeinstellung zeichnet, wie zum Beispiel der Umschlag dieses Buches. Versuchen Sie es, es handelt sich um sin(xy). Ich habe noch nie so ein schlechtes Bild gesehen! Vergleichen Sie dieses Bild mit dem zweiten Bild. Es ist schwer, zu glauben, daß sie mit demselben Ausdruck erzeugt wurden.

Wie verbessern wir das Bild? Die Länge wird auf 2π in der x- und der y-Richtung reduziert, das z wird auf etwa 2 gekürzt, die Gitterlinien werden von 10 auf 20 umgestellt (für eine besonders gute Auflösung stellen Sie 40 ein) und die Position von Eye in der z-Richtung wird auf 8 erhöht. Die Farbe auf der Oberfläche wird auf 11 umgestellt (hellblau) und die Farbe auf der Unterseite wird auf 9 eingestellt (dunkelblau). Wenn man die Einstellungen verändert, besteht der Nachteil darin, daß das Berechnen und Zeichnen länger dauert.

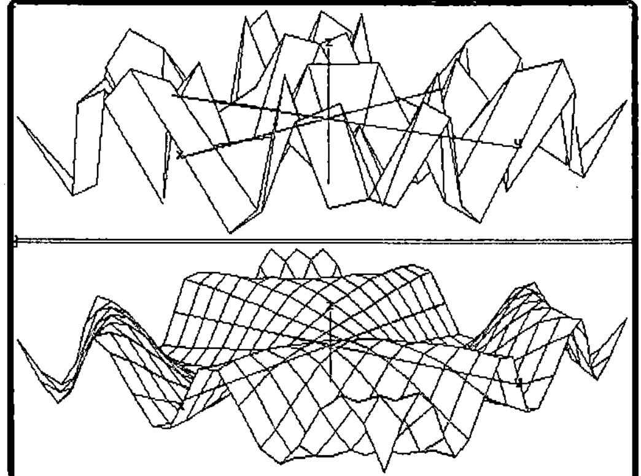

Die Differential- und Integralrechnung wurde erfunden, um
Probleme zu lösen, die mit einer Veränderung zu tun haben.
Wäre die Welt statisch - die Analysis wäre vielleicht nie erfun-
den worden.

Viele Probleme in der Welt, die mit Änderung zu tun haben,
können auf zwei Probleme zurückgeführt werden: finden Sie
die Steigung einer Kurve an jedem Punkt und finden Sie den
Flächeninhalt eines Gebietes, das von zumindest einer Kurve
begrenzt ist. Zuerst werde ich die Frage der Steigung behandeln.

Wenn wir den Graph der Kurve $x^2+y^2=1$ betrachten, sehen wir
einen Kreis mit Radius 1. Ich zeige Ihnen, wie man die Steigung an einem Punkt (0.8,0.6) auf diesem Einheitskreis findet.

**Eingaben: W (für Window), S (für
Split), H (für Horizontal), Enter, W
(für Window), D (für Designate), 2 (für
2D-plot), W (für Window), S (für Split),
V (für Vertical), Enter, A (für Algebra),
A (für Author), x^2+y^2=1 eingeben,
Enter, L (für Solve), Enter, Entf
drücken um zu löschen, y eingeben,
Enter, Pfeil nach oben (um sqrt(1-x²) zu
markieren), P (für Plot), P (für Plot),
F1 drücken (um zum nächsten Fenster
zu wechseln), P (für Plot).**

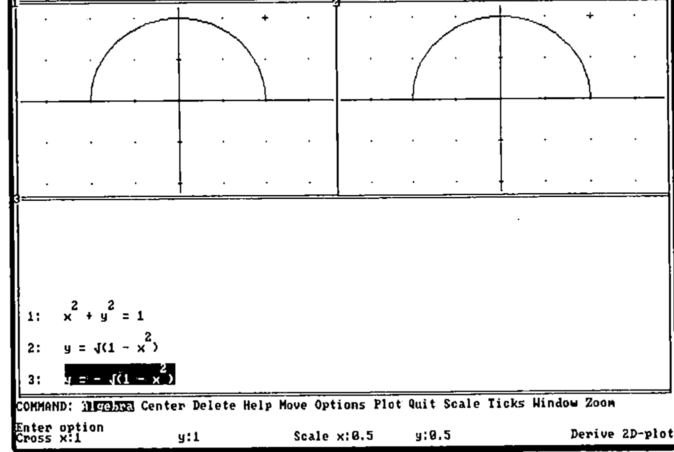

Dies ergibt die obere Hälfte des
Kreises. (Es ist nicht nötig, den
unteren Teil zu zeichnen, da sich
der Punkt (0.8, 0.6), den wir haben
wollen, mitten in der oberen Hälfte
befindet. Ich habe einen Kreis für unsere Demonstration gewählt, weil er einen schönen scharfen Bogen macht und wir
leicht den Unterschied zwischen der Kurve und den geradlini-
gen Tangenten oder Geraden, die die Tangente annähern, erkennen können.

Um die Tangenten an einer Kurve zu zeigen, habe ich eine kleine Funktion geschrieben, die wir benutzen werden, ohne daß ich erkläre, wie sie entstanden ist.

Eingaben: A (für Algebra), A (für Author), f(c,d):= -c(1-c^2)^-0.5x+d+c^2 (1-c^2)^-0.5 eingeben, Enter, M (für Manage), S (für Substitute), Enter, Enter, 0.8 eingeben, Enter, 0.6 eingeben, Enter, P (für Plot), P (für Plot), warten Sie auf den Graphen ..., Bild nach unten, halten Sie die Strg-Taste fest und drücken Sie Pfeil nach links, drücken Sie F9 (zum Vergrößern), C (für Center), F1 drücken (um zum nächsten Fenster zu gehen), P (für Plot), warten Sie auf den Graphen.

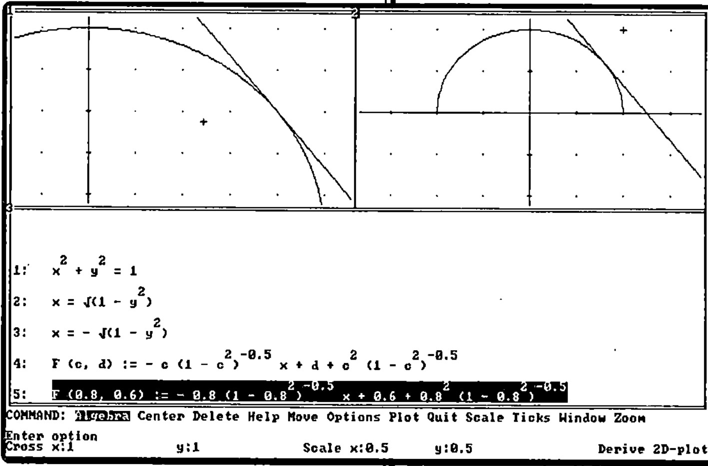

Die Bilder zeigen die Tangente zur Kurve im Punkt (0.8,0.6). Legen Sie einen Stift flach auf Ihren Bildschirm, so daß die Tangente bedeckt ist. Die Steigung dieser Linie ist die Steigung der Kurve AN DIESEM PUNKT. Bewegen Sie ihren Stift als Tangente um die Kurve herum und sehen Sie, daß sich die Steigung der vom Stift dargestellten Linie verändert. Die Steigung der Kurve verändert sich auch (da ihre Steigung gleich der Steigung der Tangente ist). Im höchsten Punkt des Kreises ist die Linie horizontal, daher ist die Steigung 0. Auf der rechten Seite des Kreises steigt die Linie nach links oben. Also ist die Steigung negativ. Auf der linken Seite des Bildes steigt die Linie nach rechts auf, so daß die Steigung positiv ist. Verwenden Sie die F(c,d) Funktion, um Linien zu erzeugen, die den Kreis in einer Tangente berühren. c und d stellen die x- und y-Werte von Punkten auf dem Kreis dar. Vielleicht wollen Sie zu y = sqrt(1 - x²) zurückkehren, damit Sie einen Wert für x einsetzen und *DERIVE* den entsprechenden Wert für y berechnen lassen können.

Was verstehen wir darunter, die Steigung des Kreises bei
(0.8,0.6) zu suchen? Wir betrachten dafür zunächst die Steigung
der Geraden, die den Kreis in (0,1) und (0.8,0.6) bzw. in
(0.6,0.8) und (0.8,0.6) schneiden. Wir tun das graphisch und
dann numerisch. Wir werden wieder ohne Erklärungen eine
Funktion eingeben, die die Linien zeichnet, die wir wollen.

Eingaben: A (für Algebra), A (für Author), Gerade(g,h,i,j):=(h-j)/(g-i)x+h-(h-j)/(g-i)g eingeben, Enter

$$6: \quad \text{LINE } (g, h, i, j) := \frac{h - j}{g - i} \, x + h - \frac{h - j}{g - i} \, g$$

Wenn Sie gezeichnet wird, erzeugt diese Funktion eine Gerade,
die die Punkte (g,h) und (i,j) miteinander verbindet. Wir sind an
Geraden interessiert, die (0.8,0.6) und einen anderen Punkt
miteinander verbinden, daher machen wir gleich diese Substitution.

**Eingaben: M (for Manage), S (for Substitute), Enter, Enter, 0.8
eingeben, Enter, 0.6 eingeben, Enter, Enter, Enter.**

$$7: \quad \text{LINE } (0.8, 0.6, i, j) := \frac{0.6 - j}{0.8 - i} \, x + 0.6 - \frac{0.6 - j}{0.8 - i} \, 0.8$$

Wir können uns nun überlegen, welches unser zweiter Punkt
sein soll. Ich schlage für den Anfang (0, 1) vor.

Eingaben: M (für Manage), S (für Substitute), Enter, Enter, 0 eingeben, Enter, 1 eingeben, Enter, P (für Plot), P (für Plot).

Wir sehen die Gerade, die die Punkte (0,1) und (0.8,0.6) auf dem Kreis verbindet. Die Steigung dieser Gerade kann man sich als eine Näherung an die Steigung der Tangente an die Kurve bei (0.8,0.6) vorstellen. Indem wir Punkte wählen, die näher an (0.8,0.6) liegen als an (0,1), können wir eine bessere Approximation

```
4:   F (c, d) := - c (1 - c²)^-0.5 x + d + c² (1 - c²)^-0.5

5:   F (0.8, 0.6) := - 0.8 (1 - 0.8²)^-0.5 x + 0.6 + 0.8² (1 - 0.8²)^-0.5

6:   LINE (g, h, i, j) := (h - j)/(g - i) x + h - (h - j)/(g - i) g

7:   LINE (0.8, 0.6, i, j) := (0.6 - j)/(0.8 - i) x + 0.6 - (0.6 - j)/(0.8 - i) 0.8

8:   LINE (0.8, 0.6, 0, 1) := (0.6 - 1)/(0.8 - 0) x + 0.6 - (0.6 - 1)/(0.8 - 0) 0.8

COMMAND: Algebra Center Delete Help Move Options Plot Quit Scale Ticks Window Zoom
Enter option
Cross x:1          y:1              Scale x:0.5      y:0.5              Derive 2D-plot
```

erhalten. Versuchen Sie es selbst. Finden Sie Punkte auf dem Kreis, die sich dem Ziel (0.8,0.6) nähern, setzen Sie diese Zahlen in die Geradenfunktion ein und zeichnen Sie.

Ich finde zwei Zahlen für (i,j) die sehr nahe an (0.8,0.6) liegen und setze meine Geradenfunktion ein, um einen Graph zu zeichnen.

Eingaben: A (für Algebra), Pfeil nach oben (um y=sqrt(1-x²)zu markieren), M (für Manage), S (für Substitute), Enter, 0.7 eingeben (eine Zahl nahe an 0.8), Enter, Enter, X (für approXimate), Enter.

```
9:    y = √(1 - x²)

10:   y = √(1 - 0.7²)

11:   y = 0.714142
```

Für x = 0.7 ist 0.714 ein entsprechender y-Wert AUF DEM KREIS. Wir setzen jetzt diese beiden Werte für i und j in die GERADENfunktion ein und zeichnen.

Eingaben: Pfeil nach oben (um Gerade(0.8,0.6,i,j):= etc. zu markieren), M (für Manage), S (für Substitute), Enter, 0.7 eingeben, Enter, 0.714 eingeben, Enter, P (für Plot), P (für Plot), auf den Graph warten..., F1 drücken, P (for Plot).

Sehen Sie, wie die zuletzt gezeichnete Gerade, die zwei Punkte auf dem Kreis verbindet (und ohne Analysis-Methoden erstellt wurde), der Tangente ähnelt, die mit Hilfe von Analysis gefunden wurde. Die neue Idee (Analysis) erwächst aus der alten Idee.

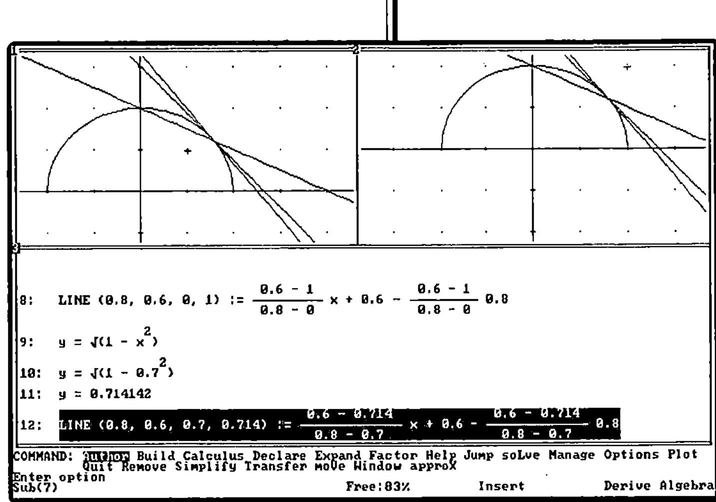

Wie können wir den numerischen Wert der Steigung der Tangente bei (0.8,0.6) sehen? Als erstes definieren wir die Steigung als die Änderung des y-Wertes dividiert durch die entsprechende Änderung des x-Wertes. Da die Gerade, deren Steigung wir erhalten wollen, von (x,y) auf dem Kreis hin zu (0.8,0.6) ebenfalls auf dem Kreis verläuft, ist die Steigung:

Eingaben: A (für Algebra), A (für Author), slope:=(sqrt(1-x^2)-0.6)/(x-0.8) eingeben, Enter, M (für Manage), S (für Substitute), Enter, 0 eingeben, Enter, X (für approXimate), Enter.

Wir können jetzt den Wert der Steigung für viele verschiedene Punkte berechnen, und uns näher und näher an unseren Zielpunkt (0.8,0.6) herantasten, indem wir den Vektorbefehl verwenden.

$$13:\quad \text{SLOPE} := \frac{\sqrt{1 - x^2} - 0.6}{x - 0.8}$$

$$14:\quad \text{SLOPE} := \frac{\sqrt{1 - 0^2} - 0.6}{0 - 0.8}$$

$$15:\quad$$

Eingaben: A (für Author), vector((sqrt(1-x^2)-0.6)/
(x-0.8),x,0,0.6,0.1) eingeben, Enter, X (für approXimate), Enter.

```
16:   VECTOR  [ √(1 - x²) - 0.6
               ───────────── , x, 0, 0.6, 0.1 ]
                  x - 0.8

17:   [-0.5, -0.564267, -0.632993, -0.707878, -0.791287, -0.886751, -1]
```

Eingaben: A (für Author), vector((sqrt(1-x^2)-0.6)/
(x-0.8),x,0.7,0.76,0.01) eingeben, Enter, X (für approXimate), Enter.

```
18:   VECTOR  [ √(1 - x²) - 0.6
               ───────────── , x, 0.7, 0.76, 0.01 ]
                  x - 0.8

19:   [-1.14142, -1.15779, -1.17467, -1.19210, -1.21011, -1.22875, -1.24807]
```

Eingaben: A (für Author), vector((sqrt(1-x^2)-0.6)/
(x-0.8),x,0.7999,0.79996,0.00001) eingeben, Enter, O (für Options), P
(für Precision), Tab, zum Löschen Entf drücken, 12 eingeben, Enter, X
(für approXimate), Enter.

```
20:   VECTOR  [ √(1 - x²) - 0.6
               ───────────── , x, 0.7999, 0.79996, 0.00001 ]
                  x - 0.8

21:   [-1.33310190328, -1.33312504165, -1.33314818106, -1.33317132145, -1.33319446296, -1]
```

Um die Steigung etwas direkter zu berechnen, verwenden wir
*DERIVE*s Möglichkeit, Grenzwerte zu berechnen. Wir finden
den Grenzwert des Steigungsausdrucks, für die Annäherung der
Variable an die Zahl 0.8.

Eingaben: A (für Author), (sqrt(1-x^2)-0.6)/(x-0.8) eingeben, Enter,
C (für Calculus), L (für Limit), Enter, Enter, Entf zum Löschen
drücken, 0.8 eingeben, Tab, B (für Below), Enter, S (für Simplify),
Enter, X (für approXimate), Enter.

```
22:    √(1 - x²) - 0.6
       ─────────────
          x - 0.8

23:    lim    √(1 - x²) - 0.6
      x→0.8-  ─────────────
                 x - 0.8

24:    - 4
       ───
        3

25:   -1.33333333333
```

· Oder wir können direkt Analysis betreiben.

Eingaben: A (für Author), sqrt(1-x^2) eingeben, Enter, C (für Calculus), D (für Differentiate), Enter, Enter, Enter, S (für Simplify), Enter, M (für Manage), S (für Substitute), Enter, 0.8 eingeben, Enter, S (für Simplify), Enter, X (für approXimate), Enter.

Üblicherweise wird die Integralrechnung mit der Einführung des Flächeninhalts über Grenzwerte begonnen. Stattdessen würde ich gerne einige intuitiv entwickelte Ideen erforschen und dabei *DERIVE*s Möglichkeiten zur Integration einsetzen.

Welches ist der Bereich, der von einer Sinuskurve und der x-Achse zwischen 0 und p begrenzt ist. Schauen wir uns den Graph an:

Eingaben: A (für Author), y=sinx eingeben, Enter, W (für Window), S (für Split), V (für Vertical), Enter, F1 drücken (um in das nächste Fenster zu wechseln), W (für Window), D (für Designate), 2 eingeben (für 2D-plot), y (für yes), P (für Plot), die Strg-Taste gedrückt halten und zweimal Pfeil nach rechts drücken, C (für Center).

Wir wissen, daß eine Sinuskurve bis auf eine Höhe von 1 steigt, und wir messen den Flächeninhalt über den Abstand p. Schätzen Sie den Flächeninhalt, wir werden dann mit Hilfe der Analysis den tatsächlichen Wert berechnen.

Eingaben: A (für Algebra), zweimal Pfeil nach rechts (um sinx zu markieren), C (für Calculus), I (für Integrate), Enter, Enter, 0 eingeben, Tab, die Alt-Taste gedrückt halten und p eingeben (für p), Enter, S (für Simplify), Enter.

Wenn der Inhalt der Fläche, die von einer Sinuskurve und der x-Achse zwischen 0 und p begrenzt ist, 2 beträgt, wie groß ist dann der Inhalt der

$$25: \quad \sqrt{(1 - x^2)}$$

$$26: \quad \frac{d}{dx} \sqrt{(1 - x^2)}$$

$$27: \quad -\frac{x}{\sqrt{(1 - x^2)}}$$

$$28: \quad -\frac{0.8}{\sqrt{(1 - 0.8^2)}}$$

$$29: \quad -\frac{4}{3}$$

$$30: \quad -1.33333333333$$

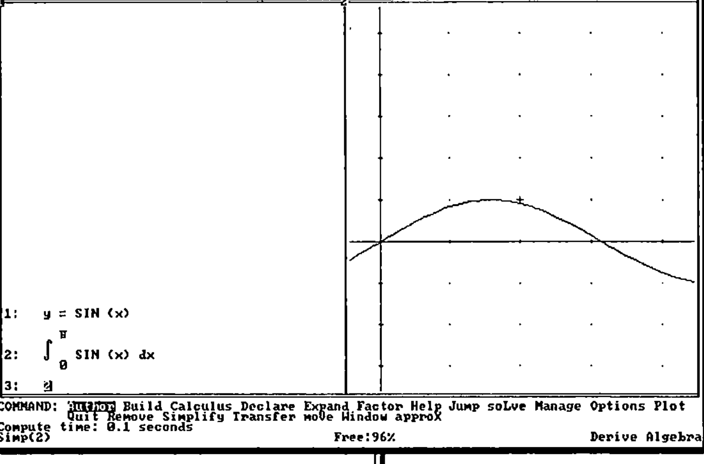

Fläche, die von 2sin(x) oder 3*sin(x) oder b*sin(x) eingeschlossen wird? Welches ist der Inhalt einer Fläche, die von einer Sinuskurve und der x-Achse zwischen 0 und 2p begrenzt ist? Und zwischen p und 2p?

Stellen Sie sich dieselben Fragen zu Kosinuskurven. Sehen Sie sich die entsprechenden Graphen und geben Sie Ihrer Intuition eine Chance. Versuchen Sie, die Fläche unter der Sinuskurve von p bis 0 zu berechnen. Was erwarten Sie? Versuchen Sie es.

Wir wollen ein anderes Muster ausprobieren. Wenn wir y=x zeichnen und die von dieser Geraden und der x- und der y-Achse eingeschlossene Fläche betrachten, sehen wir ein schönes gleichschenkliges Dreieck. Eine Höhe ist 1, die entsprechende Basis ist 1, so daß der Flächeninhalt des Dreiecks 1/2 ist.

Eingaben: A (für Author), y=x eingeben, Enter, P (für Plot), D (für Delete), A (für All), P (für Plot), warten Sie bis der Graph fertig gezeichnet ist, bewegen Sie mit den Pfeiltasten das Graphik-Kreuz (+) auf den Punkt (1,1), C (für Center), F9 drücken (zum Vergrößern damit der Maßstab 0.5,0.5 ist), F1 drücken (um zum nächsten Fenster zu wechseln), Pfeil nach rechts zweimal drücken (um x zu markieren), C (für Calculus), I (für Integrate), Enter, Enter, 0 eingeben, Tab, 1 eingeben, Enter, S (für Simplify), Enter.

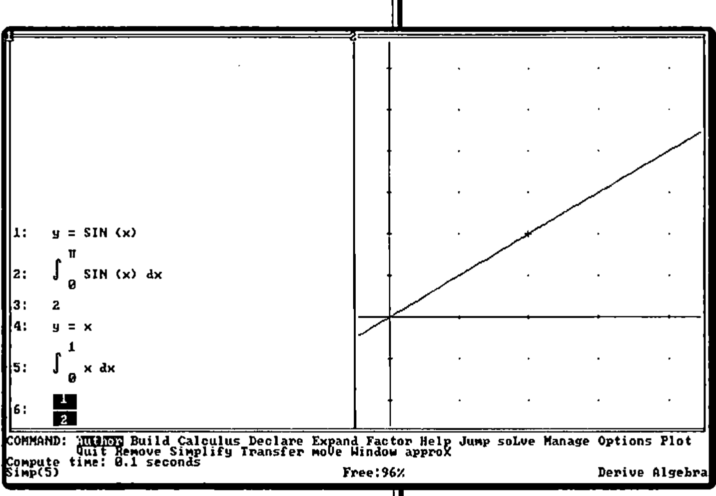

Wir sehen, daß die Fläche 1/2 ist, was wir auch ohne Analysis gewußt hätten. Probieren Sie nun dieselbe Folge von *DERIVE*-Befehlen, jedoch mit der Funktion $y=x^2$. Zeichnen Sie den Graph und raten Sie den Flächeninhalt wieder von 0 bis 1. Versuchen Sie es mit $y=x^3$. Gibt es ein Muster? Versuchen Sie y=x^b. Wenn *DERIVE* Ihre Eingabe unbearbeitet zurückgibt, reagiert es vielleicht mit Vorsicht. Würde der Wert von b jemals ein Problem darstellen? Definieren Sie die Variable b als positiv und versuchen Sie dann ein zweites Mal zu integrieren. Sie könnten dann versuchen, eine Verallgemeinerung zu finden, indem sie nx^b von 0 bis 1 integrieren.

Alle bisherigen Flächeninhalte wurden für endliche Distanzen berechnet. Man hat auch versucht, Flächen über unendliche Distanzen zu berechnen (und erhielt manchmal endliche Antworten). Wenn wir y=1/x zeichnen und uns nur den rechten Ast der Kurve ansehen, können wir uns fragen, was der Flächeninhalt von y=1/x von x=1 bis x=unendlich ist.

Eingaben: A (für Author), y=1/x eingeben, Enter, P (für Plot), D (für Delete), A (für All), P (für Plot).

Stellen Sie sich eine vertikale Wand bei x=1 als die linke Seite unserer Fläche und die x-Achse als den Boden und die Kurve als die Decke vor. Welches ist der Flächeninhalt von 1 bis 10? von 1 bis 100? Bis 1000? Bis unendlich?

Eingaben: A (für Algebra), A (für Author), 1/x eingeben, Enter, C (für Calculus), I (für Integrate), Enter, Enter, 1 eingeben, Tab, 10 eingeben, Enter, S (für Simplify), Enter, X (für approXimate), Enter.

Probieren Sie diese Sequenz mit den anderen Grenzwerten aus. Betrachten Sie die Kurve und versuchen Sie, die Ergebnisse zu schätzen. Geben Sie inf für unendlich ein.

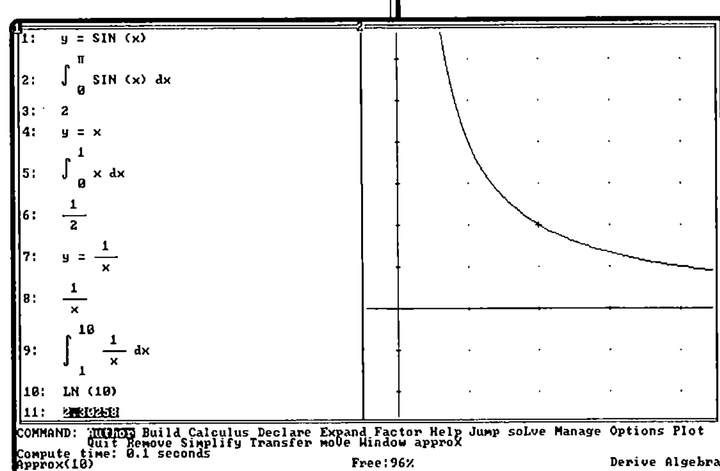

Versuchen Sie dieselbe Sequenz mit $1/x^2$, und $1/x^3$ und $1/x^4$. Raten Sie das Ergebnis. Versuchen Sie $1/x^b$. Wenn **DERIVE** den Ausdruck zurückgibt, dann definieren Sie b als reel und größer als 1 und integrieren Sie erneut.

Wenn Sie weiterhin mit Flächeninhalten experimentieren, werden Sie auf viele interessante Fragen stoßen und sogar einige beantworten können. Haben Sie viel Spaß dabei!

DERIVE im Mathematikunterricht

Ich denke, daß *DERIVE* ein wunderbares Lehrmittel ist, weil es sehr leistungsstark ist. *DERIVE* läuft auf kleinen, preiswerten Computern ebenso wie auf teuren Hochleistungsrechnern. Eine moderate Investition ermöglicht, wunderbare Untersuchungen zu machen.

Aufgrund *DERIVE*s benutzerfreundlicher Schnittstelle ist es für Schüler und Studenten der verschiedensten Stufen und Bereiche möglich, dasselbe Programm zu benutzen. Wäre es nicht toll, wenn ein Schüler der dritten Schulstufe beginnen würde, mit einem Programm zu arbeiten und dieses Programm noch zehn Jahre später produktiv nutzen könnte? Was für ein Vorteil ist es doch, sich nicht jedes Jahr in ein neues Programm einarbeiten zu müssen, sondern neue Inhalte mit Hilfe desselben Programms zu erlernen!

Ein weiteres Merkmal von *DERIVE* besteht darin, daß es nichts tut, bis der Benutzer ein Problem eingibt, an dem gearbeitet werden soll. Es ist wie ein Hammer - ein Werkzeug, welches gezielt eingesetzt werden muß. Es ist kein komplettes Lehrsystem für Mathematik. Damit man wirklich profitiert, ist guter Unterricht notwendig. Ich glaube, daß viele Lehrer feststellen werden, daß *DERIVE* ein nützliches Werkzeug für sie und Ihre Schüler ist.

Wie ich *DERIVE* bei Schülern der ersten und zweiten Schulstufe eingesetzt habe:

Drücke A (für Author), gebe 2x+3x ein und drücke Enter. Gut!

Weißt Du, wieviel 2x und 3x ist? Nehmen wir an, daß in Deinem Haus zwei Gorillas wohnen und drei weitere einziehen. Wieviele Gorillas wohnen dann im Haus? Also wäre 2x+3x . . . ja, 5x.

Jetzt lassen wir es den Computer machen und sehen, was er herausbekommt. Drücke S für Simplify und drücke die Eingabetaste. Ok, also 2x plus 3x ergibt 5x.

Wie steht es mit 4x+2x? Ja, Du könntest subtrahieren . . .
Probiere es! Welche Zahlen Du auch magst . . . probiere 3y+5y
oder 12g-9g oder 2p+3p+4p oder 100k+200k-100k+200k oder
1+2+3+4+5+6 oder . . .

Mach Dir keine Sorgen, wenn es piepst. Das heißt, daß Du
etwas Entsetzliches getan hast und die Welt demzufolge bald
untergehen wird, zusammen mit Deinem Bruder.

Frage Marie, wenn Du Probleme hast. Frage Shaun wenn Du
Sorgen hast (Shaun ist ein paar Jahre älter und hat schon ein
paar Stunden mehr mit *DERIVE* gearbeitet).

**Wie ich *DERIVE* bei Studenten im ersten Semester für
Differential- und Integralrechnung eingesetzt habe.**

DERIVE löst viele Probleme, die in den nächsten Semestern in
Mathematik, Physik und technischen Fächern auf sie zukom-
men werden. Vielleicht lernen sie aber nicht viel aus der Erfahrung, außer wie man tippt oder welchen Befehl man in welcher
Situation eingibt. *DERIVE* wird auch bei Wortproblemen
weniger hilfreich sein als bei irgendetwas anderem, und da jeder
Ärger mit Wortproblemen hat, müssen wir hier vorsichtig sein.

Viele Konzepte aus der Analysis sind mit Grenzwerten verbunden, wie beispielsweise: was geschieht mit x^2 wenn x gegen 3
geht? Was denken Sie? Was geschieht mit x^2 wenn x gegen 3
geht? . . . sicher, x^2 geht gegen 9. Würde es einen Unterschied
machen, wenn wir uns 3 von oben oder unten nähern würden? .
. . würde x^2 noch gegen 9 gehen? Ja!

Wir wollen sehen, ob *DERIVE* dieses Problem bearbeiten kann.
Drücken Sie A (für Author), geben Sie x^2 ein und Enter.
Sehen Sie sich das Menü an . . . sehen Sie den Großbuchstaben
in jedem Wort? Drücken Sie C (für Calculus), L (für Limits),
Enter und Enter, dies bedeutet, daß Sie das akzeptieren, was
angezeigt wird. Verwenden Sie die Tab-Taste um von Option zu

Option zu gehen. Wählen Sie Above (A) oder Below (B) aus,
Enter und dann S (für Simplify). *DERIVE* betrachtet 9 als den
Grenzwert, genau wie Sie.

Versuchen Sie n/(n+1), wobei n immer größer wird. Fällt Ihnen
bei den Ergebnissen ein Muster auf? Wir könnten für x 10
einsetzen und berechnen und dann 100 und dann 1000 einsetzen. Drücken Sie M (für Manage), S (für Substitute) und X (für
approXimate), das Zahlen in Dezimale umwandelt. Sehen Sie,
in welche Richtung das geht?

Wir wollen y = n/(n+1) zeichnen und auf dem Bild nach einem
Trend suchen. Wenn der Trend auf dem Bild und der numerische Trend in dieselbe Richtung weisen, liegen Sie wahrscheinlich richtig, zumindest für eine Weile.

Probieren Sie $(1+1/n)^n$, wobei n immer größer wird. Setzen Sie
dieselben Techniken wie oben ein. Sie müssen das Problem klar
sehen, $(1+1/5)^5$ oder $(1+1/100)^{100}$. Können Sie ein Ergebnis
vorhersagen? Raten Sie! Sie können immer auf *DERIVE* zu-
rückgreifen, um richtige Antworten zu erhalten (oder auf ein
Buch oder einen Freund oder Lehrer). Wenn Sie nicht raten und
Fehler machen, lernen Sie wirklich nur tippen.

**Wie ich *DERIVE* bei Studenten im ersten Semester für
Algebra eingesetzt habe:**

Haben Sie viele Hausaufgaben auf? Sind die wirklich nerven-
aufreibend? Wie nennt man das? . . . ah, Faktorisieren. Ich zeige
Ihnen, wie dieses Computerprogramm die Probleme für Sie
lösen kann. Glauben Sie, Sie könnten diese
Faktorisierungsprobleme mit dem Computer lösen? Nein? Wir
wollen uns diese erste Aufgabe und die dazugehörige Lösung
anschauen und sehen, ob es ein Muster gibt, das uns ermögli-
chen würde, die Aufgabe ohne Computer zu bewältigen.

**Wie ich *DERIVE* bei Schülern der fünften Schulstufe einge-
setzt habe:**

Weißt Du, was 1*1 ist? OK, wie sieht es mit 11*11 aus? Sehr
gut! Und wie steht es mit 111*111? Nein? Wir wollen sehen,
ob *DERIVE* helfen kann.

a und b stehen für Zahlen. Weißt Du, was a*a*a ist? Nein?
Versuche es mit *DERIVE* und sieh nach. Versuche auch
a*b*c*d*a*b*c*d*a. OK? Sag mir, was da passiert. Frage
Usama, wenn Du Hilfe brauchst. Oder Tim (Du weißt, wie
gerne er anderen etwas beibringt).

**Was für einen Nutzen hat *DERIVE* im Mathematik-
unterricht allgemein?**

1. Die Schüler können Ihre Antwort auf ein Problem prüfen, das
sie ohne *DERIVE* gelöst haben.

2. Die Schüler können Muster erforschen - es ist ihnen möglich,
bei zahlreichen Beispielen, die ohne Unterstützung gar nicht
erzeugt werden könnten, allgemeine Merkmale festzustellen.

3. Sie können mathematische Probleme lösen und haben Er-
folgserlebnisse.

4. Der Lehrer kann mit dem Lehrstoff früher als gewöhnlich
beginnen, so daß die Schüler mehr Zeit haben, sich eingehend
mit den Ideen zu beschäftigen und nicht unter Druck stehen.

5. Die Arbeit der Schüler kann aufgezeichnet werden. Als
Lehrer kann ich mir in *DERIVE* gespeicherte Arbeiten ansehen
und überlegen, was passiert ist. Diese Aufzeichnungen sind als
Quelle von Ideen und Inspiration auch für die Schüler selbst, für
deren Eltern und für andere Schüler und Studenten von großem
Nutzen.

In den zweieinhalb Jahren seit der zweiten Auflage dieses Buches sind in *DERIVE* viele Veränderungen vorgenommen worden.

Nun können Listen von Funktionen gezeichnet werden.

Eingaben: A (für Author), [x^2, x^2-1, x^2-2] eingeben, Enter, W (für Window), S (für Split), V (für Vertical), Enter, F1 (um das Fenster zu wechseln), W (für Window), D (für Designate), 2 (für 2D-Plot), Y (für Yes), P.

Der Vektorbefehl erstellt für uns Listen:

Eingaben: A (für Algebra), A (für Author), vector(x^2-b, b, 0, 2) eingeben, Enter, S (für Simplify), Enter.

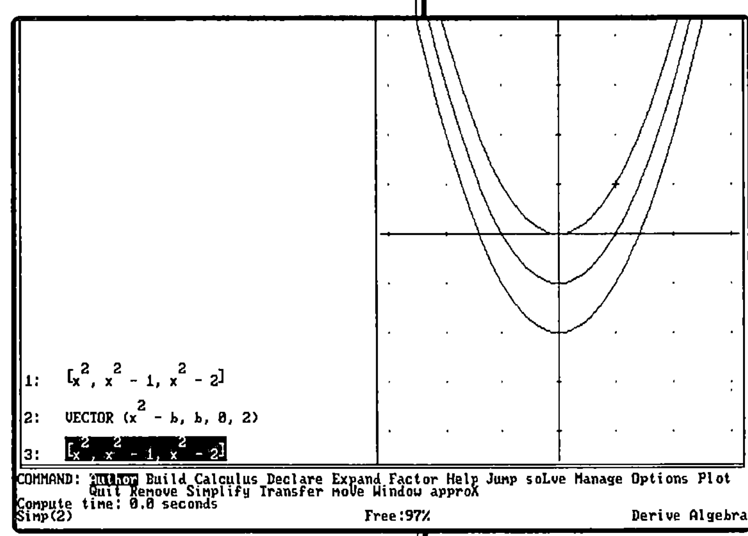

Die Dateien sind in der *DERIVE* Version 2.50 neu organisiert worden (die Liste hierfür finden Sie in Anhang C). Eine meiner Lieblingsdateien ist Dif_apps.mth, die ich jetzt laden werde (ich drücke die Esc Taste unmittelbar nachdem die Zeile 8 erscheint, die die gewünschte Funktion hat.).

Eingaben: T (für Transfer), L (für Load), D (für Derive), dif_apps.mth eingeben, Enter, Y eingeben (für Yes), nachdem die Zeile 8 erscheint, die Esc-Taste drücken.

```
1:    "File DIF_APPS.MTH, copyright (c) 1990 by Soft Warehouse, Inc."
2:    LINE(x0, y0, d1, x) := y0 + d1 (x - x0)
3:    CIRCLE(v0, r, α) := [ELEMENT(v0, 1) + r COS(α), ELEMENT(v0, 2) + r SIN(α)]

                                   d2
4:    CURVATURE_AUX(d1, d2) := ─────────────
                                (1 + d1²)^(3/2)

5:    CURVATURE(y, x) := CURVATURE_AUX[d/dx y, [d/dx]² y]

                                                  [-d1, 1] (1 + d1²)
6:    CENTER_OF_CURVATURE_AUX(v, d1, d2) := v + ────────────────────
                                                       d2

7:    CENTER_OF_CURVATURE(y, x) := CENTER_OF_CURVATURE_AUX[[x, y], d/dx y, [d/dx]² y]

8:    TANGENT(y, x, x0) := lim   LINE[x_, lim   y, lim   d/dx y, x]
                          x_→x0           x→x         x→x

COMMAND: Author Build Calculus Declare Expand Factor Help Jump soLve Manage
         Options Plot Quit Remove Simplify Transfer moVe Window approX
Enter option
User                                    Free:100%              Derive Algebra
```

Wir werden jetzt eine Funktion definieren und zeichnen und dafür die Funktion tangent verwenden, um einen Ausdruck für die Tangente zu erzeugen, die die Kurve an einem bestimmten Punkt berührt. Diesen Ausdruck zeichnen wir.

Eingaben: A (für Author), y:=x^2 eingeben, Enter, Pfeil nach oben um die Zeile mit tangent(y, x, x0):= und den Rest zu markieren, Pfeil nach links um die linke Seite zu markieren, A (für Author), F3 zum Kopieren drücken, Enter, M (für Manage), S (für Substitute), dreimal Enter, Entf einmal drücken, 1 eingeben, Enter, S (für Simplify), Enter, Pfeil nach oben um y:=x^2 zu markieren, W (für Window), S (für Split), V (für Vertical), Enter, F1, W, D, 2, Y, P, A (für Algebra), Pfeil nach unten um 2x-1 zu markieren, P , P.

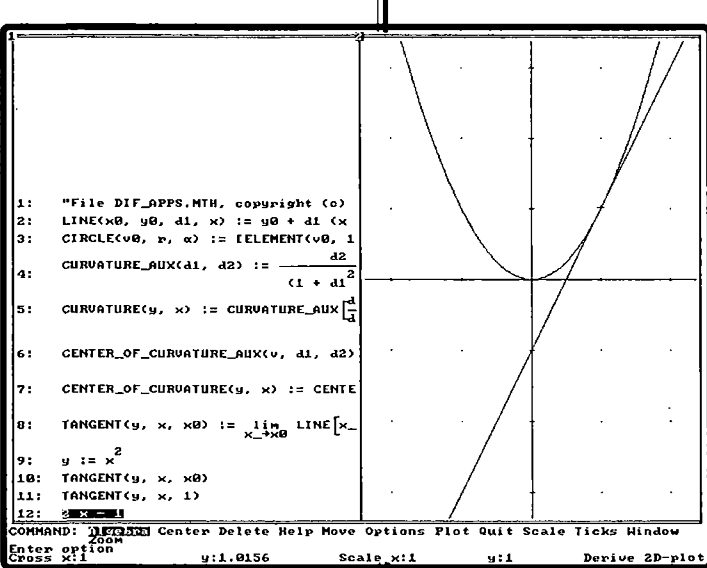

```
1:    "File DIF_APPS.MTH, copyright (c)
2:    LINE(x0, y0, d1, x) := y0 + d1 (x
3:    CIRCLE(v0, r, α) := [ELEMENT(v0, 1
                                   d2
4:    CURVATURE_AUX(d1, d2) := ─────────
                                (1 + d1²
5:    CURVATURE(y, x) := CURVATURE_AUX[d
6:    CENTER_OF_CURVATURE_AUX(v, d1, d2)
7:    CENTER_OF_CURVATURE(y, x) := CENTE
8:    TANGENT(y, x, x0) := lim   LINE[x_
                          x_→x0
9:    y := x²
10:   TANGENT(y, x, x0)
11:   TANGENT(y, x, 1)
12:   2 x - 1
COMMAND: Zoom Center Delete Help Move Options Plot Quit Scale Ticks Window
Enter option
Cross x:1              y:1.0156       Scale x:1        y:1        Derive 2D-plot
```

Wir haben nun den Graph einer Funktion und den Graph der Tangente an diese Funktion in einem bestimmten Punkt ihres Graphen.

Der Spaß fängt gerade erst an. Wir können die Funktion verändern, und der Befehl tangent(y, x, x0) wird die Tangente für diese neue Funktion erzeugen.

Wenn zwei Ausdrücke auf einer Liste stehen, denkt *DERIVE*, daß wir einen Graph in Parameterdarstellung haben wollen. Wenn wir ? als drittes Element hinzufügen, werden wir bekommen, was wir haben wollen.

Eingaben: A (für Algebra), A (für Author), y:=sinx eingeben, Enter, A (für Author), [y, tangent(y, x, 1), ?] eingeben, Enter, S (für Simplify), Enter, P, D, A, P.

Eine wunderbare Idee aus Carl Leinbachs Buch "Calculus Laboratories using *DERIVE*" zeigt uns, wie man das If-Then-Else-Konstrukt beim 2D-Plotten einsetzt.

Eingaben: A, A, y(x):=sinx eingeben, Enter, A (für Author), y(x) eingeben, Enter, C (für Calculus), D (für Differentiate), Enter, Enter, Enter, A (für Author), if(, F3 eingeben um zu kopieren, >0, y(x), ?) eingeben, Enter, P (für Plot), D (für Delete), A (für All), P (für Plot)

Es ist mehr möglich! Wie wäre es mit einer Liste von Ausdrücken, die Tangenten einer Kurve sind und alle gleichzeitig im selben Fenster gedruckt werden?

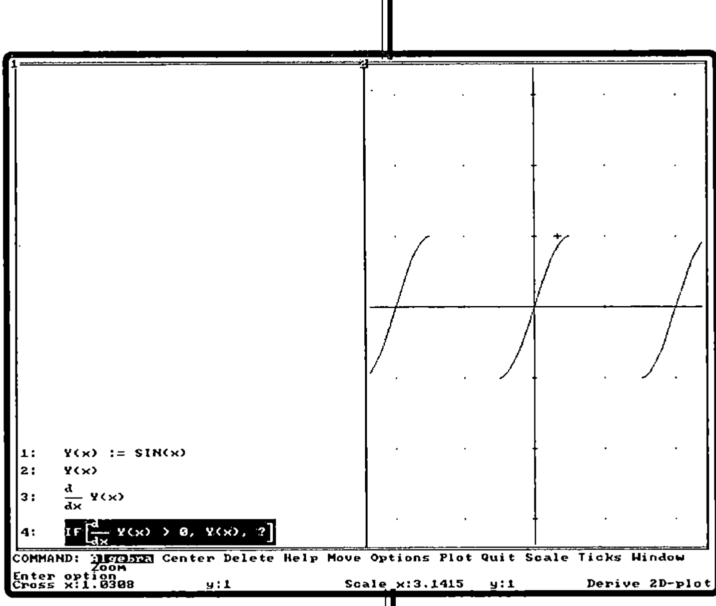

Eingaben: A, A, y:=x^2 eingeben, Enter, A, vector(tangent(y, x, a) a, -2, 2, .1) eingeben, Enter, X (für approX), Enter, F1, W, C, Enter, W, S, H, 26 eingeben, Enter, W, D, 2, Y, P.

Ich liebe diesen Graph. Wir können die Parabel einfach aus den Tangenten erkennen; die Kurve selbst ist nicht gezeichnet. Hier gibt es viele Möglichkeiten. Werfen Sie die Bücher in die Ecke und denken Sie sich selber viele Beispiele aus. Schicken Sie mir Ihre Lieblingsbeispiele. (Verwenden Sie das elektronische Bulletin Board! Siehe Vorwort).

Schöne Bilder sind auch mit polaren Graphen möglich.

Eingaben: A, A, r=sin(5/6x) eingeben, Enter, P, D, A, O (für Option), T (für Type), P (für Polar) P, Entf zum Löschen drücken, 0 eingeben, Tab, Entf zum Löschen drücken, 12 eingeben, die Alt-Taste gedrückt halten und P drücken (für p), Enter.

Ändern Sie die Zahlen der Ticks, wenn die Kreise nicht rund aussehen. Experimentieren Sie!

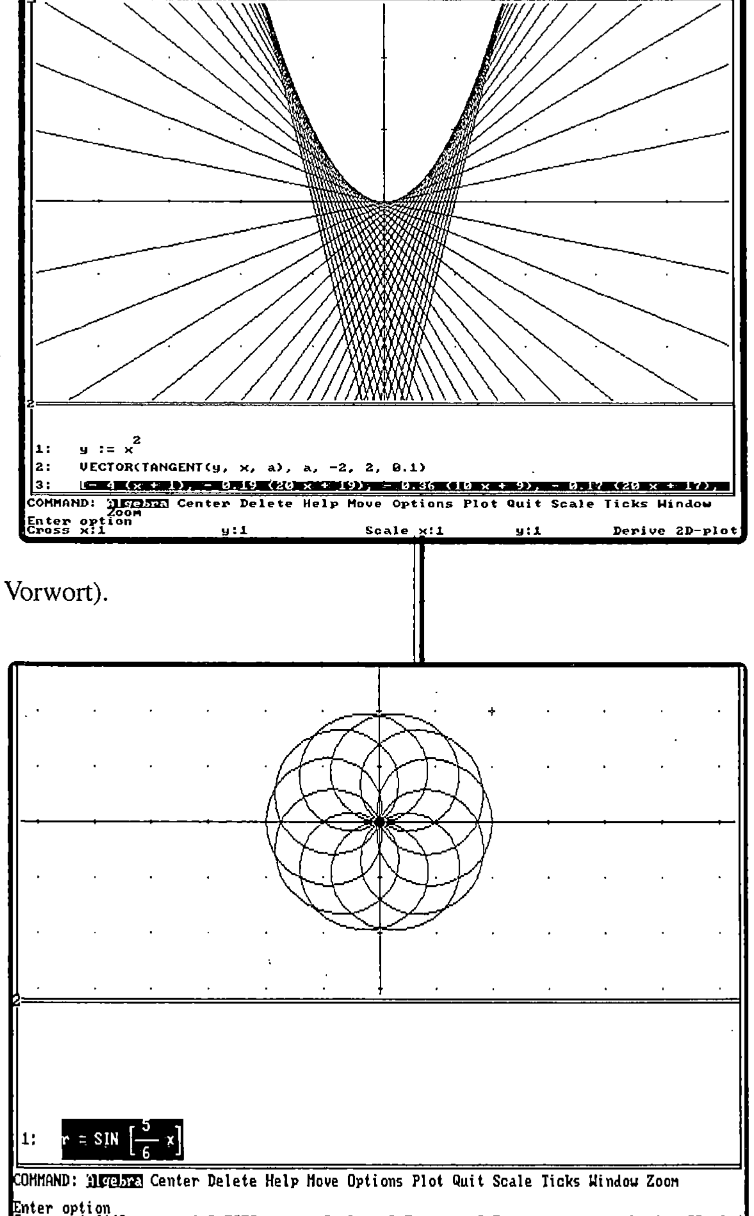

In den letzten drei Jahren sind wir auf mehr Möglichkeiten gestoßen, die Funktionsnotation in **DERIVE** zu verwenden. Ich biete die folgende Betrachtung als Einführung in endliche Differenzen an.

Eingaben: A (für Algebra), A (für Author), f(x):=3x^2 eingeben, Enter, A (für Author), vector([x, f(x)], x, 5) eingeben, Enter, S (für Simplify), Enter.

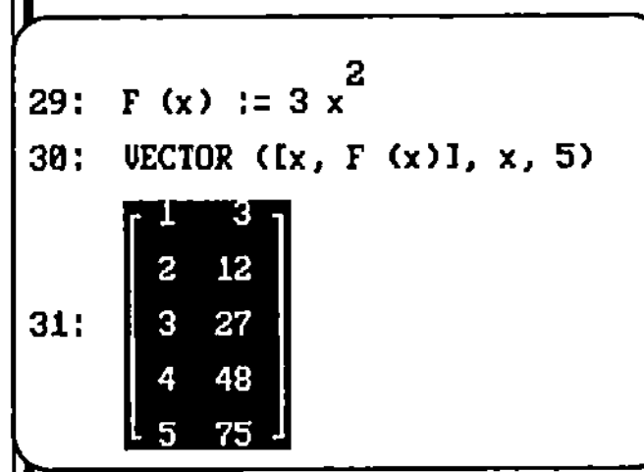

So erhalten wir eine Tabelle mit Werten für $f(x) = 3x^2$. Ich möchte mir die Differenzen der Funktionswerte der f(x) ansehen, sie berechnen und sie speichern, um sie leicht einsehen zu können.

Eingaben: A (für Author), vector([x, f(x), f(x+1)-f(x)], x, 5) eingeben, Enter, S (für Simplify), Enter.

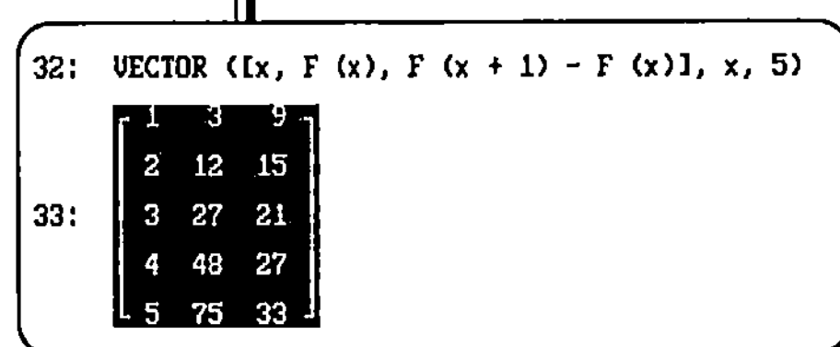

Jetzt sind die Zahlen in unserer dritten Spalte die Differenzen der Werte in der zweiten Spalte. Als nächstes möchte ich die Differenzen in dieser dritten Spalte als vierte Spalte haben. Eine leichte Möglich- keit, um zu entscheiden, was gebraucht wird, besteht darin, die dritte Spalte mit Symbolen zu erstellen. Ich bezeichne eine neue Funktion als g, gebe für g keinen Wert an, und erstelle die Differenzen mit Symbolen.

Eingaben: A (für Author), g(x):= eingeben, Enter, A (für Author), vector([x, f(x), f(x+1)-f(x), g(x+1)-g(x)], x, 5) eingeben, Enter, S (für Simplify), Enter.

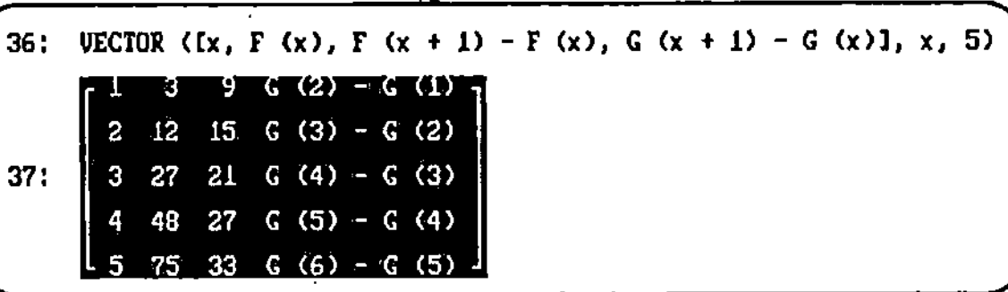

Jetzt kann ich die vierte Spalte als eine symbolische Version der dritten Spalte sehen. Um meine nächste Differenz zu erstellen, nehme ich G(3)-G(2), den zweiten Wert in der vierten Zeile und subtrahie- re (G(2)-G(1)) davon; das ergibt G(3)-2G(2)+G(1). Das sagt mir, was ich für die vierte Spalte brauche: F(x+2)- 2F(x+1)+F(1).

Eingaben: A (für Author),vector([x, f(x), f(x+1)-f(x), f(x+2)- 2f(x+1)+f(x)], x, 5) eingeben, Enter, S (für Simplify), Enter.

```
38:  VECTOR ([x, F (x), F (x + 1) - F (x), F (x + 2) - 2 F (x + 1) + F (x)], x, 5)

       ┌ 1   3   9   6 ┐
       │ 2  12  15   6 │
39:    │ 3  27  21   6 │
       │ 4  48  27   6 │
       └ 5  75  33   6 ┘
```

Es muß hierfür noch viele andere und wahrscheinlich bessere Wege geben - legen Sie los.

Definieren Sie jetzt eine Funktion $f(x): = ax^2 + bx + c$, vereinfachen Sie den zuletzt eingegebenen VECTOR-Ausdruck noch einmal und sehen Sie sich das schöne Ergebnis an.

Im *DERIVE*-Handbuch wird gewarnt, daß, wenn Singularitäten in einem Interval auftreten, die Integration über diesem Interval möglicherweise falsche Antworten liefert. Der Benutzer ist dafür verantwortlich, Singularitäten zu lokalisieren und um Sie herumzuarbeiten. Das klassische Beispiel ist das Integral von $1/x^2$ von -1 bis 1. Die hier gezeigte Antwort ist falsch; nachdem wir das erkennen, teilen wir in zwei Integrale auf und erhalten die richtige Antwort.

Eingaben: A (für Author), int(1/x^2, x, -1, 1) eingeben, Enter, S (für Simplify), Enter.

Um die richtige Antwort zu erhalten:

Eingaben: A (für Author), Pfeil nach oben, F3 drücken (um den markierten Ausdruck zu kopieren), die Strg-Taste drücken und dreimal S eingeben, Entf zum Löschen drücken, 0, halten Sie die Strg-Taste gedrückt und drücken Sie D, + eingeben, F3 drücken, Strg-Taste gedrückt halten und S sechsmal drücken, Entf, 0 eingeben, Enter, S (für Simplify), Enter.

$$1: \quad \int_{-1}^{1} \frac{1}{x^2}\, dx$$

$$2: \quad -2$$

$$3: \quad \int_{-1}^{0} \frac{1}{x^2}\, dx + \int_{0}^{1} \frac{1}{x^2}\, dx$$

$$4: \quad \infty$$

Ich verstehe die Situation mit den oben beschriebenen Singularitäten. Das folgende Beispiel ergibt eine richtige Antwort, obwohl wir genau über die Singularität bei x=1 hinwegintegrieren:

Eingaben: A (für Author), int(1/(x-1)^(2/3), x, 0, 3) eingeben, Enter, S (für Simplify), Enter.

Dies ergibt eine unerfreuliche Antwort mit der komplexen Zahl î, deshalb verändern wir sie:

Eingaben: Pfeil nach oben, M (für Manage), B (für Branch), R (für Real), S (für Simplify), Enter.

DERIVE ist beim Berechnen von Vektoren und Matrizen sehr nützlich. Ein Vektor, als [x, 2x] geschrieben, kann gezeichnet und mit einer 2 mal 2 Matrix multipliziert werden. Wenn wir das Ergebnis von mehr als einer Multiplikation mit der Matrix sehen wollen, können wir einfach die Matrix potenzieren und dann mit dem Vektor multiplizieren. Das Ergebnis ist äquivalent zu einer sukzessiven Anwendung der Matrix auf den Vektor und entstehende Zwischenergebnisse.

Eingaben: A (für Author), m:=[[0,-1], [1,0]] eingeben, Enter, A (für Author), v:=[2x, x] eingeben, Enter, W (für Window), S (für Split), V (für Vertical), Enter, F1, W, D, 2, Y, P, zum Löschen Entf drücken, 0 eingeben, Tab, Entf zum Löschen drücken, 1 eingeben, Enter.

Wir sehen einen Graph des Vektors (2,1). Jetzt multiplizieren wir mit m (und verwenden einen Dezimalpunkt für die Multiplikation mit der Matrix) und zeichnen das Ergebnis und dann $m^2.v$ oder m.(m.v) und zeichnen die Ergebnisse.

Eingaben: A (für Algebra), A (für Author), m.v eingeben, Enter, S (für Simplify), Enter, P, P, Enter.

Versuchen Sie $m^2.v$ und $m^3.v$ und so weiter und betrachten Sie das geometrische Resultat.

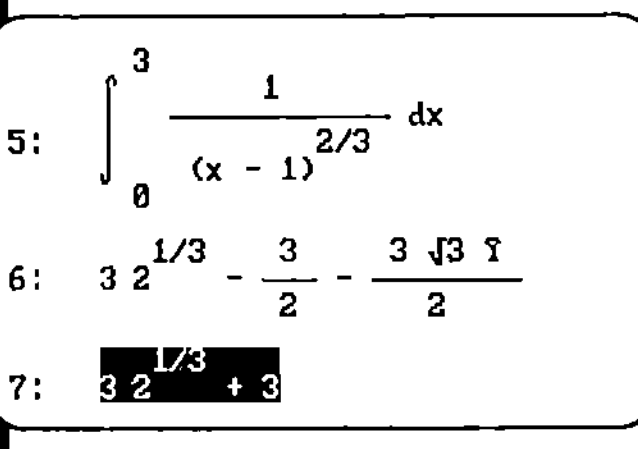

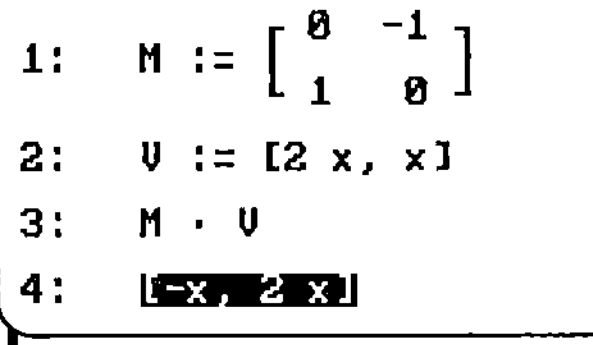

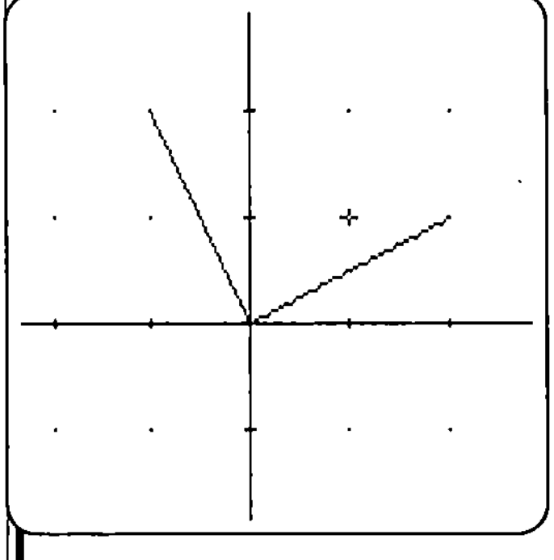

Eine **DERIVE**-Funktion mit dem Namen Eigenwerte liefert,
wenn wir sie auf die soeben behandelte Matrix m anwenden,
die Werte î und -î. Schauen wir, was passiert, wenn eine komplexe Zahl mit î multipliziert wird. Zeichnen wir das Ergebnis
als Vektor, so erhalten wir einen Vektor, der auf dem ursprünglichen senkrecht steht. Die Multiplikation mit î bewirkt eine
Drehung um 90 Grad - dasselbe Ergebnis, wie wenn man den
Vektor (2,1) mit der Matrix m multipliziert. Das ist kein Zufall.
Versuchen Sie, verschiedene Vektoren zu zeichnen und jeden
mit der Matrix [[1, - 4], [-1, 1]] zu multiplizieren. Zeichnen Sie
den Originalvektor und den Vektor, der sich aus der Matrixmultiplikation ergibt. Können Sie den daraus resultierenden
Vektor so verändern, daß er in dieselbe Richtung oder entgegengesetzt zum Original verläuft? Lesen Sie über Eigenwerte und
Eigenvektoren in einem Buch über lineare Algebra.

Zur Zeit besteht großes Interesse an Graphen einfacher Ausdrücke und darauf angewandte Rekursionen.

**Eingaben: A (für Algebra), A (für Author),
f(x):=cosx eingeben, Enter, P, D, A, P, A, A, f(f(x))
eingeben, Enter, P, P.**

Raten Sie, welchen Graph die nächste Stufe
f(f(f(x))) liefert. Definieren Sie g(x) als 3.7
x (1-x), zeichnen Sie den Graph, dann den
Graph von g(g(x)) usw. Welches Muster
erkennen Sie? Machen Sie Vorhersagen!
Ändern Sie die Zahl 3.7 und sehen Sie die
Wirkung.

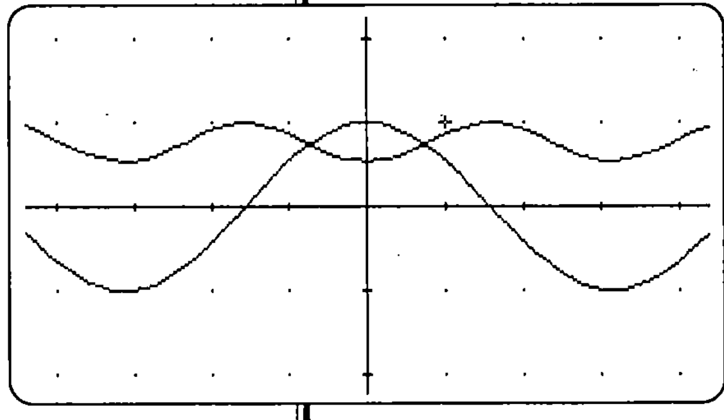

Ab Version 2.51 ist es möglich, Buchstaben um einiges kleiner
zu schreiben als in den früheren Versionen. Dies ist ein großer
Vorteil, wenn Sie große Matrizen oder Gleichungen mit einer
großen Anzahl von Wurzeln haben; oder eine Situation, in der
Sie viele Symbole auf einmal auf dem Bildschirm sehen müssen. Dafür wird ein VGA-Bildschirm benötigt. Mit Hilfe der
folgenden Eingaben und Bilder können Sie eine Vorstellung
davon gewinnen.

Eingaben: O (für Options), D (für Display), G (für Graphics), H (für High), S (für Small), E (für Extended), V (für VGA), Enter, A (für Author), vector(vector(random(8), n, 24), m, 27) eingeben, Enter, S (für Simplify), Enter

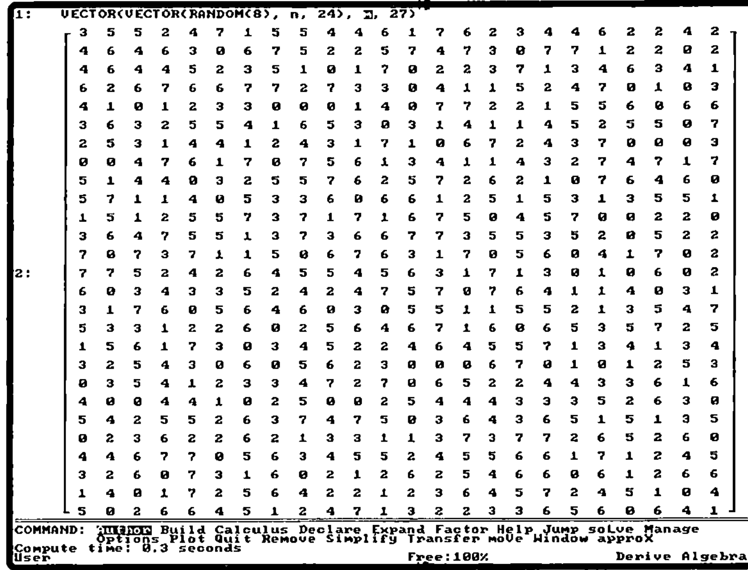

```
1:  VECTOR(VECTOR(RANDOM(8), n, 24), m, 27)
```

3	5	5	2	4	7	1	5	5	4	4	6	1	7	6	2	3	4	4	6	2	2	4	2
4	6	4	6	3	0	6	7	5	2	2	5	7	4	7	3	0	7	7	1	2	2	0	2
4	6	4	4	5	2	3	5	1	0	1	7	0	2	2	3	7	1	3	4	6	3	4	1
6	2	6	7	6	6	7	7	2	7	3	3	0	4	1	1	5	2	4	7	0	1	0	3
4	1	0	1	2	3	3	0	0	0	1	4	0	7	7	2	2	1	5	5	6	0	6	6
3	6	3	2	5	5	4	1	6	5	3	0	3	1	4	1	1	4	5	2	5	5	0	7
2	5	3	1	4	4	1	2	4	3	1	7	1	0	6	7	2	4	3	7	0	0	0	3
0	0	4	7	6	1	7	0	7	5	6	1	3	4	1	1	4	3	2	7	4	7	1	7
5	1	4	4	0	3	2	5	5	7	6	2	5	7	2	6	2	1	0	7	6	4	6	0
5	7	1	1	4	0	5	3	3	6	0	6	6	1	2	5	1	5	3	1	3	5	5	1
1	5	1	2	5	5	7	3	7	1	7	1	6	7	5	0	4	5	7	0	0	2	2	0
3	6	4	7	5	5	1	3	7	3	6	6	7	7	3	5	5	3	5	2	0	5	2	2
7	0	7	3	7	1	1	5	0	6	7	6	3	1	7	0	5	6	0	4	1	7	0	2
7	7	5	2	4	2	6	4	5	5	4	5	6	3	1	7	1	3	0	1	0	6	0	2
6	0	3	4	3	3	5	2	4	2	4	7	5	7	0	7	6	4	1	1	4	0	3	1
3	1	7	6	0	5	6	4	6	0	3	0	5	5	1	1	5	5	2	1	3	5	4	7
5	3	3	1	2	2	6	0	2	5	6	4	6	7	1	6	0	6	5	3	5	7	2	5
1	5	6	1	7	3	0	3	4	5	2	2	4	6	4	5	5	7	1	3	4	1	3	4
3	2	5	4	3	0	6	0	5	6	2	3	0	0	0	6	7	0	1	0	1	2	5	3
0	3	5	4	1	2	3	3	4	7	2	7	0	6	5	2	2	4	4	3	3	6	1	6
4	0	0	4	4	1	0	2	5	0	0	2	5	4	4	4	3	3	3	5	2	6	3	0
5	4	2	5	5	2	6	3	7	4	7	5	0	3	6	4	3	6	5	1	5	1	3	5
0	2	3	6	2	2	6	2	1	3	3	1	1	3	7	3	7	7	2	6	5	2	6	0
4	4	6	7	7	0	5	6	3	4	5	5	2	4	5	5	6	6	1	7	1	2	4	5
3	2	6	0	7	3	1	6	0	2	1	2	6	2	5	4	6	6	0	6	1	2	6	6
1	4	0	1	7	2	5	6	4	2	2	1	2	3	6	4	5	7	2	4	5	1	0	4
5	0	2	6	6	4	5	1	2	4	7	1	3	2	2	3	3	6	5	6	0	6	4	1

```
COMMAND: Author Build Calculus Declare Expand Factor Help Jump soLve Manage
         Options Plot Quit Remove Simplify Transfer moVe Window approX
Compute time: 0.3 seconds
User                                    Free:100%          Derive Algebra
```

Als ich nach Anwendungen für *DERIVE* suchte, lernte ich, wie man eine Schreibweise verwendet, die ein bißchen nach Chemie aussah. Die Idee sollte auch in anderen Bereichen angewandt werden können. Ich will eine Reihe von Symbolen auf ungewöhnliche Art und Weise einsetzen. Wenn ich die Symbole in Anführungszeichen setze, kann ich Ausdrücke schreiben, die normalerweise zu Syntaxfehlern führen würden. Ich kann auch Symbole wie [ ] und + oder - oder * ohne einen darauffolgenden Term benutzen, weil diese Symbole in Klammern vergraben sind. Die erstaunliche Tatsache ist, daß *DERIVE* jede dieser beliebigen Zeichenkombinationen zwischen Anführungszeichen als Variable interpretiert. Alle Funktionen von *DERIVE* werden entsprechend darauf angewendet. Wir können auflösen, vereinfachen, ausmultiplizieren und faktorisieren, zeichnen und substituieren wie zuvor. Ich bin sicher, daß diese Idee für viele sehr hilfreich sein wird. Das folgende einfache Beispiel vermittelt Ihnen einen Eindruck:

**Eingaben: A (für Author), "[A=]" =(("[H2A]" "k1") / "[H+]")
/ "[H+]" "k2" eingeben, Enter, L (für soLve), Enter, zum
Löschen Entf drücken, "k1" eingeben, Enter.**

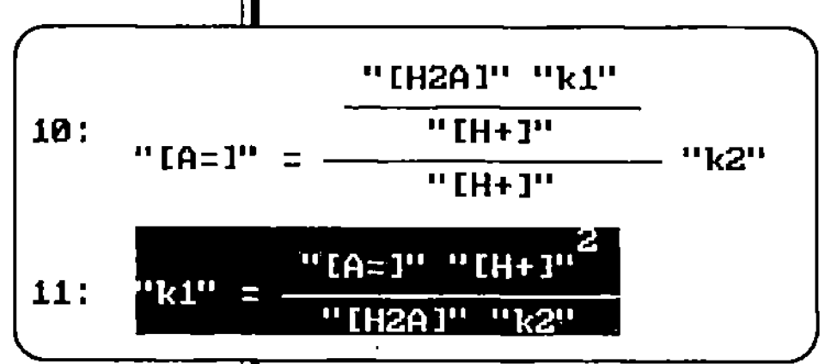

DERIVE hat viele Demonstrations- und Utility-
Dateien, die alle in Anhang C aufgeführt sind. Ich
rate Ihnen dringend, sich diese anzusehen, denn Sie
sind erstaunlich und nützlich.

Die dritte Auflage wurde am 27. Juli 1992 fertiggestellt. In nur
dreieinhalb Jahren ist *DERIVE* in vielen Teilen der Welt be-
kannt geworden. Wir erhalten jede Woche Aufträge von den
meisten europäischen Ländern, den Vereinigten Staaten, Kana-
da, Australien und Neuseeland, Japan, Singapur und Hong
Kong. Wir haben viele ermutigende Kommentare von Lehrern
und Forschern, Studenten und Professoren, von Ingenieuren und
Wissenschaftlern erhalten. Ich hoffe, daß wir alle bei diesem
wunderbaren Abenteuer weiterhin dabei sind.

Befehle für die Eingabe
Für die Eingabe eines Ausdrucks, können die
folgenden Befehle über die entsprechenden
Tasten eingegeben werden:

Cursorsteuerung:

Strg S	ein Zeichen nach links
Strg D	ein Zeichen nach rechts
Strg A	ein Wort nach links
Strg F	ein Wort nach rechts
Strg Q S	an den linken Rand der Zeile
Strg Q D	an den rechten Rand der Zeile

Befehle zum Löschen:

Backspace	löscht Zeichen links vom Cursor
Strg H	löscht Zeichen links vom Cursor
Entf	löscht Zeichen an der Stelle des Cursors
Strg G	löscht Zeichen an der Stelle des Cursors
Strg Y	löscht die gesamte Zeile
Strg Q Y	löscht Rest der Zeile.
Strg Q H	löscht Anfang der Zeile

Verschiedene Befehle:

Enter	gibt eine Zeile Text ein
Strg M	gibt eine Zeile Text ein
Strg J	gibt ein und vereinfacht
Strg Enter	gibt ein und vereinfacht
Esc	bricht Eingabe ab, kehrt ins Menü zurück
Einfg	wechselt zwischen Einfüge- und Überschreibmodus
Strg V	wechselt zwischen Eingabe- und Überschreibmodus
F3	fügt markierten Ausdruck ein
F4	fügt markierten Ausdruck in Klammern ein

Auf PC-kompatiblen Computern können die
folgenden griechischen Buchstaben eingegeben
werden, indem man die Alt-Taste gedrückt hält
und den entsprechenden lateinischen Buchstaben
drückt:

Alt-A	alpha	Alt-M	mu
Alt-B	beta	Alt-P	pi
Alt-G	Gamma	Alt-S	sigma
Alt-D	delta	Alt-T	tau
Alt-N	epsilon	Alt-F	Phi
Alt-H	Theta	Alt-O	Omega

Auf PC-kompatiblen Computern können die
folgenden mathematischen Konstanten und
Funktionen eingegeben werden, indem man die
Alt-Taste gedrückt hält und den entsprechenden
Buchstaben drückt:

Alt-E	#e	Basis des natürlichen Logarithmus
Alt-I	#i	Quadratwurzel aus -1
Alt-Q	SQRT	Quadratwurzelfunktion

Funktionen, Konstanten und Operatoren
DERIVE kann für die folgenden mathematischen
Funktionen, Konstanten und Operatoren
Vereinfachungen und/oder Approximationen
berechnen. Im Approximate-Modus und bei
gegebenen numerischen Argumenten wird eine
numerische Approximation mit der momentan
eingestellten Genauigkeit berechnet.

Ansonsten werden solche Ausdrücke algebraisch
unter Verwendung leistungsfähiger
Transformationsregeln vereinfacht. Viele
Transformationsregeln werden automatisch
verwendet, andere benötigen eine explizite
Anforderung über den Befehl Manage.

Konstanten:

#e	Basis des natürlichen Logarithmus
#i	Quadratwurzel von -1
pi	Kreisverhältniszahl
deg	Bogenmaß pro Grad
inf	plus unendlich

Operatoren:

- z	minus z
z + w	z plus w
z - w	z minus w
z * w	z mal w
z w	z mal w
z / w	z geteilt durch w
z ^ w	z hoch w
z %	z Prozent = z/100
z !	z Fakultät

Exponentialfunktionen:

#e	Basis des natürlichen Logaritmus
EXP (z)	#e hoch z
SQRT (z)	Quadratwurzel von z

Logarithmische Funktionen:

LN (z)	natürlicher Logarithmus von z
LOG (z)	natürlichr Logarithmus von z
LOG (z, w)	Logarithmus von z zur Basis w

Trigonometrische Funktionen:

pi	Fläche des Einheitskreises
deg	Bogenmaß pro Grad
SIN (z deg)	Sinus von z Grad
SIN (z)	Sinus von z im Bogenmaß
COS (z)	Kosinus von z im Bogenmaß
TAN (z)	Tangens von z im Bogenmaß
COT (z)	Kotangens von z im Bogenmaß
SEC (z)	Sekante von z im Bogenmaß
CSC (z)	Cosekante von z im Bogenmaß

**Inverse Trigonometrische Funktionen
(Radianten):**

ASIN (z)	Winkel dessen Sinus z ist
ACOS (z)	Winkel dessen Kosinus z ist
ATAN (z)	Winkel dessen Tangens z ist

ACOT (z)　　Winkel dessen Kotangens z ist
ATAN (y, x)　Winkel des Punktes (x,y)
ACOT (x, y)　Winkel des Punktes (x,y)
ASEC (z)　　Winkel dessen Sekante z ist
ACSC (z)　　Winkel dessen Kosekante z ist

Hyperbolische Funktionen:
SINH (z)　　Sinus hyperbolicus von z
COSH (z)　　Kosinus hyperbolicus von z
TANH (z)　　Tangens hyperbolicus von z
COTH (z)　　Kotangens hyperboilicus von z
SECH (z)　　Sekante hyperbolicus von z
CSCH (z)　　Kosekante hyperbolicus von z

Inverse hyperbolische Funktionen:
ASINH (z)　　inverser Sinus hyperb. von z
ACOSH (z)　　inverser Kosinus hyperb. von z
ATANH (z)　　inverser Tangens hyperb. v. z
ACOTH (z)　　inverser Kotangens hyperb. v.z
ASECH (z)　　inverse Sekante hyperb. von z
ACSCH (z)　　inverse Kosekante hyperb. v. z

Stückweise stetige Funktionen:
ABS (x)　　　Absolutbetrag von z
SIGN (x)　　Vorzeichen (Signum) von z
MAX (x, y, ...)　größtes Argument
MIN (x, y, ...)　kleinstes Argument
STEP (x)　　1 wenn x>0; 0 wenn x<0
CHI (a, x, b)　1 wenn a<x<b;
　　　　　　　　0 wenn x<a oder x>b

Komplexwertige Funktionen:
#i　　　　　Quadratwurzel von -1
ABS (z)　　Betrag von z
SIGN (z)　　Vorzeichen (Signum) von z
RE (z)　　　Realteil von z
IM (z)　　　Imaginärteil von z
CONJ (z)　　konjugiert komplexe Zahl zu z
PHASE (z)　Phasenwinkel zu z

Wahrscheinlichkeitsfunktionen:
z!　　　　　Fakultät von z
GAMMA (z)　Gamma von z
PERM (z, w)　Anzahl der Permutationen von
　　　　　　v. z Elementen zur Klasse w
　　　　　　ohne Wiederholung
COMB (z, w)　Anzahl der Kombinationen von
　　　　　　z Elementen zur Klasse w
　　　　　　ohne Wiederholung

Statistische Funktionen:
AVERAGE (z1, ..., zn)　Arithmetisches Mittel
　　　　　　　　　(Durchschnitt)
RMS (z1, ..., zn)　Wurzel des Mittel-
　　　　　　　　wertes der Quadrate
VAR (z1, ..., zn)　Varianz
STDEV (z1, ..., zn)　Standardabweichung

Fehlerfunktionen:
ERF (z)　　Fehlerfunktion
ERF (z, w)　verallgemeinerte Fehler-
　　　　　　funktion

ERFC (z)　　　　komplementäre Fehler-
　　　　　　　　funktion
NORMAL (z, m, s)　Normalverteilungsfunk-
　　　　　　　　tion mit Mittelwert m
　　　　　　　　und
　　　　　　　　Standardabweichung s

Finanzmathematische Funktionen:
PVAL　(i, nper, pmt, fval, time) momentaner
　　　　Vertragswert (Barwert aller Zahlungen)
FVAL　(i, nper, pmt, pval, time) Endwert aller
　　　　Zahlungen
PMT　　(i, nper, pval, fval, time) Rentenbetrag
NPER　(i, pmt, pval, fval, time) Anzahl an
　　　　Zahlungen
RATE　(n.p,v,f.t) Zinsfuß pro Zahlungsperiode

Funktionen aus der Analysis:
LIM (u, x, a)　　Grenzwert von u für x
　　　　　　　　gegen a (von rechts)
LIM (u, x, a, 0)　Grenzwert von u für x
　　　　　　　　gegen a (von links)
DIF (u, x)　　　Ableitung von u nach x
DIF (u, x, n)　　n-te Ableitung von u
　　　　　　　　nach x
TAYLOR (u, x, a, n)　Taylorpolynom n-ter
　　　　　　　　Ordnung von u an der
　　　　　　　　Stelle a
INT (u, x)　　　Integral von u nach x
INT (u, x, a, b)　bestimmtes Integral von
　　　　　　　　u nach x zwischen a
　　　　　　　　und b
SUM (u, n)　　Summe von u über n
SUM (u, n, k, m)　bestimmte Summe von u
　　　　　　　　für n zwischen k und m
PRODUCT (u, n)　Produkt von u über n
PRODUCT (u, n, k, m) bestimmtes Produkt
　　　　　　　　von u für n zwischen
　　　　　　　　k und m

Vektorfunktionen:
VECTOR(u, k, m, n, s)　Vektor über u, wobei k
　　　　　　　　zwischen m und n
　　　　　　　　(Schrittweite s) läuft
ELEMENT(v, n)　n-tes Element von v
v.w　　　　　inneres Produkt
CROSS(v, w)　Kreuzprodukt
DIMENSION(v)　Anzahl der Elemente
OUTER(v, w)　äußeres Produkt

Matrizenfunktionen:
IDENTITY_MATRIX (n)　n x n Einheitsmatrix
ELEMENT(A, j, k)　Element der j-ten
　　　　　　　　Zeile
　　　　　　　　und k-ten Spalte einer
　　　　　　　　Matrix A
A .B　　　　　Produkt von A und B
A'　　　　　Transponierte von A
DET (A)　　　Determinante der
　　　　　　　　quadratischen Matrix
　　　　　　　　A

TRACE (A) — Spur (= Summe der Diagonalelemente) der quadratischen Matrix A

A ^ -1 — Inverse der quadratischen Matrix A

ROW_REDUCE(A, B) — Einheitsform von A erweitert um B

CHARPOLY (A, x) — charakteristisches Polynom von A

EIGENVALUES (A, x) — Eigenwerte von A

Differentielle Vektoranalysis:

GRAD(expn) — Gradient von expn bezüglich x,y und z

GRAD(expn, v) — Gradient von expn bezüglich der Variablen in v

GRAD(expn, A) — Gradient von expn im Koordinatensystem A

DIV(v, A) — Divergenz

LAPLACIAN(expn, A) — Divergenz des Gradienten

CURL(v, A) — Rotation

Integrale Vektoranalysis:

POTENTIAL(v) — skalares Potential

POTENTIAL(v, w) — Potential von v mit Anfangskoordinaten w

VECTOR_POTENTIAL(v) — Vektorpotential

JACOBIAN(v, W) — Jacobi-Matrix der partiellen Ableitungen

COVARIANT_METRIC_TENSOR(J) — covarianter metrischer Tensor der Jacobi-Matrix

SQRT_DIAGONAL(G) — Quadratwurzeln der Diagonale des metrischen Tensors

Relationen und die Löse-Funktion:

u = v — u gleich v

u /= v — u ungleich v

u < v — u kleiner v

u <= v — u kleiner oder gleich v

u > v — u größer v

u >= v — u größer oder gleich v

SOLVE (u, x) — löse u = 0 nach x auf

SOLVE (u = v, x) — löse u = v nach x auf

SOLVE (u = v, x, a, b) — löse u = v nach x auf in [a, b]

Eine Sitzung mit Andrea

Die hier gezeigte Arbeit wurde von Andrea Monti erstellt, als sie in der sechsten Schulstufe war. Sie hatte einige Jahre zuvor begonnen, einmal in der Woche mit *DERIVE* und Mathematica zu arbeiten.

Ich sehe Andrea als visuell veranlagt. An der Wand meines Arbeitszimmers hängen viele Beispiele ihrer mathematisch-künstlerischen Kreationen. Sie ist voller Energie und Konzentration, wenn die Arbeit einen visuellen Aspekt aufweist, insbesondere, wenn sie frei schöpferisch in einer Umgebung arbeiten kann, die sie unterstützt.

Nie habe ich gesehen, daß Andrea an symbolischen Manipulationen interessiert war. Wir arbeiteten am Vereinfachen, Faktorisieren und Expandieren algebraischer Ausdrücke. Andrea machte höflich mit, aber man konnte sehen, daß ihr Herz nicht daran hing. Vier Monate vor dieser Sitzung erschien sie zu ihrer Unterrichtsstunde mit dem Mathematikprogramm und setzte sich vor den Computer, der Mathematica geladen hatte. Ja, sie war bereit zu einem Versuch. Hier begann ein erstaunliches Abenteuer. Ich habe vierzig Seiten ihrer Arbeit aufgezeichnet, wovon das meiste durch meine einfachen Vorschläge und ihre eigene Kreativität geschaffen wurde.

In dieser Sitzung mit *DERIVE* war ich außer am Anfang und am Ende nicht dabei. Wir haben die Ergebnisse fett ausgedruckt, um zu zeigen, was sie eingegeben hatte, und die Antworten von *DERIVE* kursiv. Wenn sie ein Problem eingibt, ist es ihre eigene Idee (die aus vorangegangenen Erfahrungen stammt) und wenn sie = eingibt und eine Antwort, so kommt das immer aus dem Kopf - es wird nichts aufgeschrieben.

Auf Mathematica hatte Andrea ihren Namen eingegeben und algebraisch manipuliert. Auf *DERIVE* wird re gelesen als eine Funktion für den Realteil von dem, was folgt. Daher war die Reaktion von *DERIVE* neu für sie. Sehen Sie, wie sie sich mit den neuen Bedingungen abmüht.

Ein Freund von mir, Horation Porta, sah einige von Andreas Computerprotokollen und sagte: "Oh, sie bringt sich Algebra bei". Ich stimme zu und bin der Meinung, daß Andreas visuelle Veranlagung ihre Erfahrung mit Algebra steuert.

Was Sie hier auf diesen wenigen Seiten sehen, ist ein winziger Ausschnitt der wunderbaren Welt, die sich eröffnen kann, wenn wir entsprechende mathematische Werkzeuge in die tatkräftigen Hände junger Menschen legen. Wir müssen auch Interesse zeigen, ihre Arbeit unterstützen, und ihnen einfach eine kleine Anleitung geben.

999999*999999 = 999998000001

999998000001 = 999998000001

11111111*11111111 = 123456787654321

123456787654321 = 123456787654321

**a*n*d*RE(a) *a*n*d*RE(a) *a*n*d*RE(a) *a*n*d*RE(a)
*m*o*n*t*i *m*o*n*t*i *m*o*n*t*i *m*o*n*t*i**

a^8*d^4*i^4*m^4*n^8*o^4*t^4

**a*n*d*RE(a) *a*n*d*RE(a) *a*n*d*RE(a) *a*n*d*RE(a)
*a*n*d*RE(a) *a*n*d*RE(a) *a*n*d*RE(a) *a*n*d*RE(a)
= a*n*d*RE(a)^6**

a^16*d^8*n^8 = a^7*d*n

**a*a*a*a*a*a*a*a*a*a*a*b*b*b*b*b*b*b*b*g*g*g*g*g*t*t*t*t*t
= a^11*b^8*g^5*t^5**

a^11*b^8*g^5*t^5 = a^11*b^8*g^5*t^5

a*n*d*RE(a) *a*n*d*RE(a) *n*d*RE(a)*1^3

a^5*d^3*n^3

**a*a*a*a*a*a*a*a*a*a*a*a*a*a*a*a*a*a*s*s*s*s =
a^18*s*11^4**

a^18*s^4 = 14641*a^18*s

andrea*andrea*andrea*andrea*andrea*andrea

andrea^6

a*z*a*z*z*za*a*a*a*zz*az = a^4*z^3*az^1*za^1*zz^1

a^5 *az *za *zz *z^3 = a^4 *az *za *zz *z^3

zza *azzz *azzz *azzz *zza *zza *zzza = zza^3 *azzz^3 *zzza^1

azzz^3 *zza^3 *zzza = azzz^3 *zza^3 *zzza

yes *yes *yes *no *no *no *no = yes^3*no^4

no^4*yes^3 = no^4*yes^3

abc*'*s*abc*'*s*abc*'*s*abc*'*s = abc*'*s^4

'^4*abc^4*s^4 = '*abc*s^4

hello *hello *hello *hello *hello *hello *hello = h^7*e^7*l^7*l^7*o^7

hello^7 = e^7*h^7*l^14*o^7

xzc *xcz *xcz *xcz *xcz *xcz *xcz *xcz *xcz *xcz *xdr *xdr *xdr = zcx^10*xdr^3

xcz^9 *xdr^3 *xzc = xdr^3 *zcx^10

h*e*l*l*o*h*e*l*l*o = h^2*e^2*l^2*l^2*o^2

e^2*h^2*l^4*o^2 = e^2*h^2*l^4*o^2

Wichtige Demonstrations- und Hilfsdateien in *DERIVE*

Demonstrations-Dateien
Arith.dmo
Algebra.dmo
Trig.dmo
Function.dmo
Calculus.dmo
Matrix.dmo

Hilfsdateien   Diese Dateien können auf zwei Arten in *DERIVE* geladen werden:
Erste Methode (langsam; alle Funktionen werden am Bildschirm angezeigt):
Eingaben: Transfer Load Derive filename.mth
Zweite Methode (schnell; die Funktionen werden nicht angezeigt und können im
Handbuch nachgelesen werden):
Eingaben: Transfer Load Utility filename.mth

English.mth
Metric.mth
Physical.mth
Solvé.mth   Lösen nicht-linearer Gleichungssysteme und Berechnen komplexer
                   Lösungen
vector.mth   zusätzliche Vektor- und Matrizenfunktionen . . . sehr wertvoll
                   im Unterricht.
Numeric.mth   numerische Differentiation und Integration
Dif_apps.mth   implizite Differentiation, Tangente und Normale an eine Kurve,
                   Tangentialebene, ...
int_apps.mth   Laplace Transformationen, Fourierreihen, Bogenlänge, Fläche,
                   Volumen, Schwerpunkt, Fläche und Volumen von Drehkörpern, ...
Ode1.mth
Ode2.mth
Ode_appr.mth
Recureqn.mth
Approx.mth   Rationale Approximation nach Pade (ist oft besser als die ent-
                   sprechende Taylorapproximation)
Exp_int.mth   Exponential-, Logarithmus-, Sinus- und Cosinusintegrale
Probabil.mth   Pochhammer-, Polygamma-, Poisson- und Binomialfunktionen
Fresnel.mth
Bessel.mth
Hypergeo.mth
Elliptic.mth
Orth_pol.mth   Chebychev-, Legendre-, Hermite-, Weber- und Laguerre-Funktionen
Zeta.mth
Graphics.mth   Funktionen zum Zeichnen von Zylindern, Kegeln, Raumkurven,
                   Kugeln und Tori
Misc.mth   viele nützliche Funktionen: Runden, ggT, kgV, Riemann-Summen,
                   partielle Integration, n-te Primzahl, Fibonacci-, Bernoulli-, Catalan-
                   Zahlen, und vieles mehr
Support.pas

Bibliographie

Arney, David C., *DERIVE* **Laboratory Manual for Differential Equations**, Addison-Wesley Publishing, Massachusetts/ USA, ISBN: 0-201-57268-0.

Berry, John S./ Graham, Edward/ Watkins, Anthony J.P., **Learning Mathematics through** *DERIVE*, Ellis Horwood, Chichester/UK, 1993, ISBN: 0-13-037532-2; die deutsche Ausgabe erscheint demnächst beim Birkhäuser-Verlag, Basel.

Böhm, Joseph (Ed.), **Teaching Mathematics through** *DERIVE*, Proceedings of the Krems '92 Conference, Chartwell-Bratt, Bromley/UK, 1992, ISBN: 0-86238-319-6 (auch erhältlich über die *DERIVE* **User Group**).

Cohen, Don, **Calculus By and For Young People (Ages 7, Yes Seven and Up)**, TheMath Program, Champaign/USA.

DeMarois, Phil, **College Algebra Laboratories Using** *DERIVE*, MathWare, Urbana/USA.

Denton, Brian H., **Learning Linear Algebra Through** *DERIVE*, Ellis Horwood, Hernel Hempstead/UK, 1994.

Edwards, C.H. Jr., Calculus books of all sorts, Prentice-Hall Publishing.

Edwards, C.H. Jr., **The Historical Development of the Calculus**, Springer-Verlag, New York/USA.

Gilligan, Lawrence G. und Marquadt, James F. Sr, **Calculus and the** *DERIVE* **Program**, Second Edition, Gilmar Publishing Co., ISBN: 0-9626661-2-2.

Grabinger, Benno, **Stochastik mit** *DERIVE*, Dümmler, Bonn, 1994.

Heugl, Helmut und Kutzler, Bernhard (Eds.), *DERIVE* in
Education - Opportunities and Strategies, Proceedings of the
Krems '93 Conference, Chartwell-Bratt, Bromley/UK, 1994,
ISBN: 0-86238-351-X (auch erhältlich über die *DERIVE* **User
Group**).

Koepf, Wolfram, **Höhere Analysis mit *DERIVE***, Vieweg,
Wiesbaden, 1994, ISBN: 3-528-06594-X.

Koepf, Wolfram/ Ben-Israel, Adi/ Gilbert, Bob, **Mathematik
mit *DERIVE***, Vieweg, Wiesbaden, 1993, ISBN: 3-528-06549-4.

Leinbach, L.Carl, **Calculus Laboratories Using *DERIVE***,
Wadsworth Publishing Co., Belmont/USA.

Mauve, R. und Moos, J.P., **Mathematik mit *DERIVE* -
Arbeitsblätter zur experimentellen Mathematik**, Dümmler,
Bonn, 1992, ISBN: 3-427-45881-4.

Parker, David, **AcroSpin**, Acrobits, Salt Lake City/USA.

Rich, Albert/ Rich, Joan/ Stoutemyer, David, *DERIVE* **User
Manual**, Soft Warehouse, Honolulu/USA.

Sawyer, W.W., **Mathematician's Delight**, Penguin Books,
Nachdruck bei Dover Books, New York/USA.

Scheu, Günther, **Arbeitsbuch Computeralgebra mit *DERIVE***,
Dümmler, Bonn, 1992, ISBN: 3-427-45721-4.

Scheu, Günther, *DERIVE* **im Mathematik- und Physikunter-
richt**, Dümmler, Bonn, 1992.

Watkins, Anthony J.P., *DERIVE*-**based Investigations for
Post-16 Core Mathematics**, Chartwell-Bratt, Bromley/UK,
1993, ISBN: 0-86238-312-9.